Ranka Keser

111 Orte in der Hallertau, die man gesehen haben muss

111

emons:

Bibliografische Information der Deutschen Nationalbibliothek
Die Deutsche Nationalbibliothek verzeichnet diese Publikation in der Deutschen Nationalbibliografie; detaillierte bibliografische Daten sind im Internet über http://dnb.d-nb.de abrufbar.

MIX
Papier | Fördert gute Waldnutzung
FSC® C083411

Layout: Eva Kraskes, nach einem Konzept von Lübbeke | Naumann | Thoben
Kartografie: altancicek.design, www.altancicek.de
Kartenbasisinformationen aus Openstreetmap,
© OpenStreetMap-Mitwirkende, ODbL
Druck und Bindung: CPI – Clausen & Bosse, Leck
Printed in Germany 2023
ISBN 978-3-7408-1379-6

Vorwort

Die Hallertau ist dafür bekannt, das größte zusammenhängende Hopfenanbaugebiet der Welt zu sein. Klare Grenzlinien gibt es natürlich nicht. So werden manchmal Ingolstadt und Kelheim zur Hallertau gezählt und manchmal nicht. Generell kann man sagen, dass die Flüsse nördlich und südlich eine Art natürliche Grenze bilden: im Norden die Donau (im Buch »111 Orte im Altmühltal und in Ingolstadt« wurde dieser nördliche Hallertau-Rand teilweise abgedeckt), im Süden Teilstrecken von Ilm, Amper und Isar. Im Westen ist die Stadt Schrobenhausen der Eingang zur Hallertau, im Nordosten ist es in diesem Buch Weltenburg. Die Region liegt mitten in Bayern, etwa zu gleichen Teilen in Oberbayern und Niederbayern.

Die Hallertau wird zwar durch den Hopfenanbau definiert, dennoch wäre es schade, sie auf den Hopfen zu reduzieren. Hier findet man historische Schätze mitsamt ihren Geschichten, kleine Brauereien, faszinierende Naturschutzgebiete, sehenswerte Städte und Städtchen, Dörfer und Einöden. Außerdem Mystisches, Verborgenes und fast Vergessenes.

Seit vielen Jahren lebe ich (gern) in München. Doch habe ich nie den Bezug zur Hallertau verloren. Erinnerungen an meine Kindheit sind unmittelbar mit dieser Region verbunden. Spaziergänge, Radfahren und Picknick zwischen Hopfenfeldern. In der Hallertau lernte ich meine erste Fremdsprache, nämlich Bayerisch. Ich erinnere mich an herzliche Menschen, die mir und meiner Familie nie das Gefühl gaben, hier fremd zu sein.

Auch wenn die Hallertau im Wandel der Zeit einige Veränderungen im Erscheinungsbild durchlebt hat, geschah dies im positiven Sinn. Brauchtum und Tradition werden bis heute gepflegt und in Ehren gehalten. Die Hallertau ist einladend und touristenfreundlich, aber nicht kommerzialisiert! Es ist eine der idyllischsten Regionen Europas. Wer sie nicht kennenlernt, weiß nicht, was er versäumt.

111 Orte

Gründl
Markt Nandlstadt
Kreis Freising

1 Der Galgenberg

Heute ein malerischer Aussichtspunkt

Einen »Galgenberg« verzeichnen viele Orte in Deutschland. Auch Abensberg hat einen solchen, nördlich des Stadtkerns. Was ihn besonders macht, ist der schöne Ausblick. Bedeutsam ist er ferner auch in ökologischer Hinsicht, für den Erhalt der Jurakuppe als Biotop bedrohter Tiere und Pflanzen. Seine Historie ist brutal (was bei einem Galgenberg in der Natur der Sache liegt), und gruselige Legenden sind ebenfalls mit ihm verbunden.

Im Mittelalter wurde hart durchgegriffen. Wer nur an den Pranger kam, konnte sich beinahe glücklich schätzen. Die Gaffer gab es ja schon immer, teilweise kamen sie sogar aus anderen Ortschaften, um der Hinrichtung beizuwohnen. Gehenkt wurde auf Marktplätzen und eben auf Galgenbergen. An diesem in Abensberg sollen nachts die Pferde gescheut haben, auch wollten sie den Bereich um die Anhöhe nicht passieren. Des Öfteren sollen lodernde Flammen vom Galgenberg aufgestiegen sein. Vor den Flammen stand ein nackter Mann mit einem Stück Rasen auf dem Kopf. Von einer Sekunde auf die andere waren das Feuer und der Mann verschwunden. Eine Frau will zwei Jungen gesehen haben, die im Feuer mit lautlosen Hammerschlägen auf einen Felsen einschlugen. Legenden sind oft bemerkenswert phantasiereich erzählt worden, und je gruseliger, desto besser.

Wenn man auf der Erhebung über die Stadt hinwegblickt, tut sich das malerische Hügelland der Hallertau auf, und mittendrin fließt die Abens Richtung Süden. Der Galgenberg ist geschütztes Gebiet und bietet nicht nur Bienen, Eidechsen, Schmetterlingen und Grillen einen optimalen Lebensraum. Auch sehr seltene und vom Aussterben bedrohte Pflanzen können hier überleben, wenn der Mensch sich respektvoll verhält. Wie viele Schuldige und Unschuldige auf dem Galgenberg den Tod fanden, weiß man nicht. Dass er heute Tieren und Pflanzen das Überleben sichert, kann man wohl als absoluten Imagewechsel bezeichnen.

Adresse Am Galgenberg, 93326 Abensberg (der Galgenberg befindet sich nordwestlich der Straße) | ÖPNV Buslinien 6018, 6042, 6043, 6053, Haltestelle Regensburger Straße (plus zehn Minuten Fußweg) | Anfahrt B 301 oder B 16, Richtung Norden auf Regensburger Straße, links in Traubenstraße und rechts in Am Wasserwerk, die Straße bis zum Ende hochfahren, parken und ein paar Minuten zu Fuß auf den Berg | Tipp Im Winter lässt sich östlich des Galgenbergs auf einer Rodelbahn Schlitten fahren.

2 Das Geburtshaus des Aventinus

Aufstieg eines intelligenten Freigeistes

Auf das Aventinus-Denkmal am Aventinusplatz stößt man als Besucher zwangsläufig. Wenn man zum nördlichsten Teil des Stadtplatzes kommt, könnte man ahnungslos abbiegen, ohne das Geburtshaus des Aventinus (1477–1534) zur Kenntnis genommen zu haben. Als Johann Georg Turmair kommt der »Vater der bayerischen Geschichtsschreibung« zur Welt. Später nennt er sich dem Zeitgeist entsprechend Aventinus – »der aus Abensberg Stammende«. Sein Vater war Weinwirt in diesem Gebäude, in dem bis heute ein Gasthaus untergebracht ist.

Seinen Schulbesuch absolviert Johann Turmair im Karmeliterkloster, danach geht er auf die Universität zu Ingolstadt, später studiert er in Wien, Krakau und an der Sorbonne in Paris. Aventinus wird von Albrecht IV. an den Hof berufen, als Lehrer und Erzieher der Söhne Ludwig und Ernst. Ludwig X. wird mit seinem älteren Bruder Wilhelm IV. später auch wegen des Erlasses des Reinheitsgebots in die Geschichte eingehen – und ebendiese beiden Adligen fordern Aventinus auf, als Historiograf die Geschichte Bayerns niederzuschreiben. Die Brüder ermöglichen ihm, in Klöstern und Archiven zu recherchieren. Von 1519 bis 1521 schreibt er sein Hauptwerk »Annales ducum Boiariae« in Latein, ein Jahr vor seinem Tod beendet er die deutsche Version »Baierische Chronik«, passt den Text der hiesigen Bevölkerung an, etwa durch Ergänzungen und Beschreibungen. Wie viel Durchhaltevermögen es gekostet haben muss, ein solches Monument zu schaffen! Auch die erste Landkarte Bayerns geht auf Aventinus zurück.

Im Jahr 1528 wird er für elf Tage ins Gefängnis gesperrt, auch wegen seiner liberalen Haltung bezüglich Martin Luther. Nur durch Beziehungen kommt er nach elf Tagen frei, muss jedoch Bayern verlassen und geht nach Regensburg (damals Freie Reichsstadt). Verlegt wird sein Werk erst 20 Jahre nach seinem Tod.

Adresse Stadtplatz 13, 93326 Abensberg | **ÖPNV** zahlreiche Möglichkeiten aus verschiedenen Städten mit Bus und Bahn in die Abensberger Innenstadt | **Anfahrt** B 301 oder B 16, Richtung Zentrum fahren und dann in den Stadtkern gehen, vom Rathaus 20 Meter Richtung Norden, auf der linken Seite | **Tipp** Zufällig steht nur ein paar Meter weiter das Geburtshaus eines weiteren bedeutenden Abensbergers: Der Komponist und Abt Franz Benno Michl (Ordensname: Gilbert) wurde 1750 hier geboren (Stadtplatz 15).

3 Der Grenzstein

Zeitzeuge seit 500 Jahren

Einst markierten diese ein Meter hohen Steine die Grenze zwischen Bayern und Pfalz-Neuburg. Sie stammen aus der Zeit um 1522 und befinden sich auf den Gemeindegebieten Reichertshofen und Baar-Ebenhausen. Insgesamt gab es 25 dieser Grenzsteine. Als man in den 1960er Jahren nachforschte, waren es immerhin noch elf, wovon sieben auf dem Gebiet von Reichertshofen stehen. Lange Zeit galten zwei Grenzsteine als verschwunden, doch gab es 2017 eine gute Nachricht: Nach 34 Jahren tauchte einer der beiden bei Aufräumarbeiten wieder auf.

Auf sechs der sieben Grenzsteine ist beidseitig das bayerische Rautenwappen eingearbeitet, und auf zwei Steinen findet sich außerdem ein Jagdhorn, womit die Jagdgrenzen markiert wurden. Auf der einen Seite ist auf den Steinen ein B für Bayern eingemeißelt und auf der anderen ein P für Pfalz-Neuburg, um den Eingang ins jeweilige Gebiet zu kennzeichnen. Also sahen die Menschen seinerzeit das P, wenn sie von Bayern auf die pfälzische Seite wechselten.

Dieser Grenzstein bei Agelsberg steht gut sichtbar an der Straße. Der perfekte Standort, möchte man meinen. Doch was praktisch für den Menschen ist, stellt für den denkmalgeschützten Grenzstein eine Gefahr dar, denn er wurde auch schon Opfer unaufmerksamer Autofahrer. Ein gut erhaltener Grenzstein steht außerdem zwischen Agelsberg und Puch, von Agelsberg gesehen rechts am Waldrand. Wer weitere Grenzsteine entdecken möchte, muss zwangsläufig einen Einheimischen fragen, denn leicht zu finden sind sie nicht. Wie zum Beispiel jener, der südwestlich von Starkertshofen liegt. Erst muss man am Ortsende Richtung Freinhausen eine Straße bergauf fahren und dann in einem kleinen Waldstück danach suchen.

Trotz Sanierungen sieht man so manchem Grenzstein sein hohes Alter an, doch dieser hat die Zeit recht gut überstanden. Möge er noch lange Wind, Wetter und Autos trotzen.

Adresse Herr-von Koch-Straße, 85084 Reichertshofen | ÖPNV Buslinie 18, Haltestelle Agelsberg Angerstraße | Anfahrt Von der A 9 auf der B 300 Richtung Reichertshofen, in Agelsberg auf der Herr-von-Koch-Straße (Hauptstraße) Richtung Reichertshofen aus dem Ort fahren. Nach circa 300 Metern sieht man den Grenzstein auf der rechten Seite am Straßenrand. | Tipp Der »Schmankerl-Laden beim Haas« hat ein gutes Sortiment an regionalen Lebensmitteln und Produkten aus eigener Herstellung (haas-schmankerl.de, Herr-von-Koch-Straße 1).

4 Die Hügelgräber

Rituale aus der Bronzezeit

Im Waldbereich Geaichet findet man auf einer Fläche von 28 Hektar die historischen Grabhügel, wovon es heute noch circa 180 gibt. Das Gräberfeld und seine Entstehung gehen zurück in die mittlere Bronzezeit, um 1500 vor Christus, möglicherweise auch früher. Also weisen diese Gräber ein Alter von etwa 3.500 Jahren auf. Die archäologischen Funde aus dem Jahr 1983 gewährten einen tieferen Einblick in die Bestattungsrituale jener Zeit und das Leben der damaligen Menschen im heutigen Gebiet von Geisenfeld. Besiedelt war die Gegend allerdings bereits in der Steinzeit. Auch menschliche Überreste eines Manns wurden während der Ausgrabungen gefunden sowie seine Grabbeigaben. In seiner Nähe stieß man auf das Grab einer Frau samt ihrem Schmuck. Ein weiteres Grab offenbarte, dass sich im Laufe der Zeit die Bräuche veränderten und man dann auch die Totenverbrennung ausführte. Die archäologischen Funde können im Hopfen- und Heimatmuseum in Geisenfeld besichtigt werden.

Die Toten trugen ihr volkstümliches Gewand. In Rückenlage wurden sie auf die Erde gelegt. Beigefügt wurden Schmuck und andere Besitztümer, wie etwa Dolche oder sonstige Waffen. Außerdem legte man dem Leichnam Keramikgefäße bei, als Trank- und Speisebeigaben. Sofern Steine zur Verfügung standen, errichteten die Menschen eine Grabkammer und deckten sie mit Holz ab. Abschließend wurde das Grab großzügig aufgeschüttet. Bis zu zehn Meter im Durchmesser und drei Meter in der Höhe maßen die Hügelgräber zu jener Zeit.

Wer den Weg durch den Wald nicht gehen mag, kann es auch bequemer angehen. An der Staatsstraße 2232 Richtung Rohrbach und Pfaffenhofen ist ein Parkplatz am Waldrand. Von dort ist es nur eine Minute, bis man zu den Hügelgräbern kommt. Allerdings wäre es schade, die schöne Strecke nicht zu Fuß zu gehen. Sie umfasst (hin und zurück) circa 3,5 Kilometer und ist gut ausgeschildert.

Adresse Spazierweg durch den Wald: Parkplatz Waldstraße, 85290 Geisenfeld | **ÖPNV** Buslinie 16, Haltestelle Dekan-Trost-Straße | **Anfahrt** B 300 bis Geisenfeld, auf der Münchener Straße in südlicher Richtung bis Ainau, links in die Waldstraße und parken, dem Wegweiser »Hügelgräber« folgen | **Tipp** Wer mit Kindern unterwegs ist, findet östlich des Waldeingangs einen hübschen Spielplatz (an der Gabelung Waldweg und Waldstraße).

5 Die Pfarrkirche Sankt Ulrich

Sakrales Juwel und eine bewegende Geschichte

Wenn man in der Hallertau jede Kirche und Kapelle besuchen würde, wäre man ein paar Jahre beschäftigt. Doch gibt es gerade in dieser Region einige Sakralbauten, die man sich unbedingt ansehen sollte. Speziell sind einige von ihnen hinsichtlich der Architektur, des Alters oder der Geschichten, die sie zu erzählen haben. Die Pfarrkirche Sankt Ulrich erfüllt gleich mehrere dieser Kriterien. Es ist eher unwahrscheinlich, dass man die Kirche im Vorbeifahren zufällig entdeckt. Sie liegt ein bisschen abseits des kleinen Orts. In diesem Dorf mit seiner besonderen Kirche leben rund 40 Katholiken. Groß ist sie nicht, nichtsdestotrotz ist die Pfarrkirche Sankt Ulrich ein Prachtbau. Zuvor befand sich an dieser Stelle etwa 200 Jahre lang eine Burg.

Sankt Ulrich ist die kleinste Pfarrei der Diözese Regensburg. Errichtet wurde sie um das Jahr 1230 aus Kelheimer Kalkstein. Besondere Blickfänge sind unter anderem die halbrunde Apsis, die Reliefs und nicht zuletzt das romanische Portal. Während der 2000er Jahre ist die Kirche innen und außen renoviert worden. Der Altarraum wurde von Bildhauer Karl-Heinz Torge gestaltet, die Pietà von Christa Torge geschnitzt.

In Zusammenhang mit Sankt Ulrich steht auch die Geschichte des Pfarrers Jakob Braun. Im September 1942 wurde er tot in seinem Bett im Pfarrhaus aufgefunden. Neben der Leiche lag eine Pistole, und die offizielle Todesursache lautete Selbstmord. Der Hallertauer Heimatforscher und Autor Reinhard Haiplik hat sich intensiv mit diesem Fall beschäftigt und ist von der Selbstmordtheorie nicht überzeugt. Pfarrer Braun lehnte den Nationalsozialismus entschieden ab, was er keineswegs verheimlichte. Sehr viel wahrscheinlicher ist ein Mord durch die Gestapo. Den Nazis war der Pfarrer schon lange ein Dorn im Auge. Er kritisierte in seinen Predigten immer wieder das Regime, was ihn am Ende wohl das Leben kostete.

Adresse Dekan-Trost-Straße 22, 85290 Geisenfeld | ÖPNV Buslinie 16, Haltestelle Dekan-Trost-Straße | Anfahrt B 300 bis Geisenfeld, auf der Münchener Straße in südlicher Richtung, in Ainau rechts in die Dekan-Trost-Straße, nach 100 Metern auf der rechten Seite | Öffnungszeiten Tagsüber ist die Kirche in der Regel geöffnet. | Tipp Der Gasthof Birnthaler liegt nur wenige hundert Meter entfernt. Ein schöner und mittelgroßer Biergarten, moderate Preise und ein großer Parkplatz (Münchener Straße 115).

6 Der Hufabdruck

Gottlose Soldaten und scheuende Pferde

Wann sich die Geschichte ereignet haben soll, weiß man nicht. Vor langer, langer Zeit jedenfalls. Es ist eine Legende darüber, was mit »gottlosen« Leuten passieren kann – nur kam leider auch das Pferd des Reiters zu Tode. Der Geschichte zufolge kam irgendwann dieser heidnische Soldat angeritten, und sein Pferd hat die vielen steilen Stufen nach oben erklommen. Aber womöglich war an dieser Stelle noch gar keine Treppe, sondern lediglich ein grasbewachsener Berg … Oben angekommen, nahm der Mann seine Waffe zur Hand und schoss durch das Fenster auf das Kruzifix in der Kirche. Der Soldat muss ein guter Schütze mit Adleraugen gewesen sein. Jedenfalls bäumte sich daraufhin das Pferd auf, und der Mann verlor das Gleichgewicht. Mitsamt seinem armen Tier fiel er die Stufen hinab. Reiter und Pferd waren auf der Stelle tot.

Der Hufabdruck wirft natürlich die Frage auf, wie ebenjener dorthin kam. Denn wenn das Pferd sich aufbäumte, war es mit den hinteren Beinen am Boden, und die vorderen waren in der Luft. Wenn der Hufabdruck an einer alten Treppe war und dieser Teilbereich in die Wand eingearbeitet wurde, weshalb blieb dort überhaupt ein Abdruck? War das Baumaterial noch frisch – wenn ja, warum dann nur ein Abdruck und nicht mehrere? Na ja, es geht ja letztendlich um die Moral von der Geschicht – und die war zur damaligen Zeit wohl sonnenklar …

Es gibt eine weitere Legende um diese Kirche, ebenfalls über einen Soldaten und ein Pferd: Während des Dreißigjährigen Kriegs entwendete ein Soldat eine Fahne aus der Kirche, um sie als ordinäre Pferdedecke zu verwenden. Die Strafe für diese niederträchtige Handlung folgte schon kurze Zeit später: Auf seinem Ritt nach Abensberg scheute sein Pferd. Dabei wurde der Soldat aus dem Sattel geworfen und blieb mit einem Fuß im Steigbügel hängen. Er kam qualvoll zu Tode, als das Pferd ihn hinter sich herschleifte.

Adresse Wallfahrtskirche Allersdorf, 93326 Abensberg | Anfahrt B 301 oder B 16 bis Abensberg, auf der Münchener Straße wenige Kilometer Richtung Süden fahren, in Allersdorf (Ostseite) parken und am Rabenweg Richtung Süden und Kirche gehen. Am Ende des Wegs links und noch ein Stück geradeaus, die Treppe zur Kirche hoch und links an ihr vorbei. Dort führt eine Treppe nach unten. Oberhalb der Treppe, auf der linken Seite (abwärts gesehen), ist der Hufabdruck. | Tipp Der Panoramaweg um Abensberg bietet eine wunderbare Gelegenheit für Erwachsene und Kinder, die schöne Gegend kennenzulernen. Eine Infotafel steht auf dem Platz vor der Kirche.

7 Das Museum Altdorf

Von der uralten bis zur jüngeren Geschichte

Dieses sehenswerte Museum ist in einem denkmalgeschützten Haus untergebracht, einem der ältesten Bauernhäuser Niederbayerns. Auch wenn im Laufe der Jahrhunderte kleinere Veränderungen vorgenommen wurden, stammt der Bau im Wesentlichen aus dem Jahr 1547. Als das Anwesen 1989 zum Verkauf stand, wurde es von der Gemeinde erworben. Die letzten Bewohnerinnen waren die ledigen Schwestern Anna und Katharina Adlhoch, die 1989 in hohem Alter starben. Letztere war Störnäherin und erledigte Näharbeiten in den jeweiligen Häusern der Auftraggeber. Die ältere arbeitete als Landwirtin zu Hause. Einiges aus dem Hausstand der beiden wurde vom Museum übernommen. Hinzu kamen verschiedene Objekte der Bewohner von Altdorf.

Im April 1996 wurde das Museum eröffnet. Die archäologische Sammlung wurde im Jahr 2022 umgebaut. Ab Sommer 2023 werden im Keller des Gebäudes die zahlreichen jahrtausendealten Fundstücke aus der Gegend um Altdorf präsentiert. Der Keller diente bereits im 16. Jahrhundert als Weinkeller. Eine wohlhabende Familie namens Neumayr besaß ein beachtliches Terrain an Weinbergen, denn lange bevor Hopfen und Bier zum Markenzeichen der Hallertau wurden, betrieb man in der Gegend Weinanbau.

Im Erdgeschoss war früher der Stall, wo unter anderem auch Exponate aus der Landwirtschaft ausgestellt werden. Im oberen Stockwerk ist eine Bildergalerie, ebenso dient dieser Bereich für Sonderausstellungen und Veranstaltungen. Einst waren hier die Wohnräume, ein Teil wurde auch für landwirtschaftliche Zwecke genutzt. Der Balkon diente zum Trocknen von Getreide.

Altdorf verdankt dem Ehrenbürger und Chronisten Ernst Gruß viele historische Fakten sowie Geschichten und Fotografien, die er in seinem Heimatbuch 1984 veröffentlicht hat – so auch die Fotografien im Eingangsbereich, auf denen die früheren Bewohner Altdorfs in Ausübung ihrer Berufe zu sehen sind.

Adresse Weinbergstraße 1, 84032 Altdorf | **ÖPNV** Buslinie 1 aus Landshut, Haltestelle Wadenspanner | **Anfahrt** A 92, Ausfahrt Altdorf – oder aus Landshut auf Altdorfer Straße und der Straße vier Kilometer folgen | **Öffnungszeiten** museum-altdorf.de/oeffnungszeiten | **Tipp** Zwischen Altdorf und Landshut bietet das Unternehmen Brandt (Zwieback und Schokoladenprodukte) einen Fabrikverkauf mit Lebensmitteln und Geschenkartikeln (Altdorfer Straße 10, Mo – Fr 9 – 15 Uhr).

8 Die Brennerei Badhorn

Von der Schnapsidee zu Edelbränden

Vor vielen Jahren waren die Räumlichkeiten ein Backhäusl, dienten später dann als Abstellraum. Sofie und Josef Badhorn haben daraus eine lichtdurchflutete Brennerei mit Hofladen gemacht. Im hinteren Teil befindet sich die Schaubrennerei. Wer schon immer wissen wollte, wie so etwas funktioniert und worauf es ankommt: Mehrmals im Jahr gewähren die Badhorns Einblick in ihre Produktionsanlagen und erklären alles rund ums Schnapsbrennen, Verkostung inklusive. Im vorderen Teil sind die Obst-Produkte zu erwerben, von Sofie Badhorn selbst gemacht: Chutneys, Sirupe, Essige und Marmeladen. Letztere überzeugen nicht nur durch Qualität und Geschmack, sondern auch mit einer geradezu perfekten Konsistenz.

Die Pralinen sind mit den eigenen Bränden und Likören gefüllt. Einzeln auf die Edelbrände, Geiste und Liköre einzugehen wäre müßig, zumal es dabei auch um persönliche Vorlieben geht. Erwähnt sei nur der Hallertauer Hopfengeist. Sofies Anliegen, »die Heimat in Flaschen zu bringen«, ist ihr definitiv gelungen. Zutaten: drei Sorten Hopfen und Neutralalkohol. Resultat: delikater Hopfengeschmack in seiner reinsten Form.

Die heutige Streuobstwiese in Puch war früher ein Spargelacker. Im Jahr 2003 pflanzten Sofies Eltern 120 hochstämmige Obstbäume, 2012 wurde nachgepflanzt, und heute sind es 550, allesamt chemisch unbehandelt. In den Anfangsjahren des Anbaus presste die Familie größtenteils Obstsäfte, doch irgendwann wurde es für den Hausgebrauch zu viel. Josefs Vorschlag, dass man daraus Schnaps brennen könne, war als Scherz gemeint. Der Rest ist Geschichte.

Um die Brennlizenz zu bekommen, bedurfte es verschiedener Voraussetzungen – und natürlich viel Ausdauer. Die Gründung ihres Kleinbetriebs war 2014, seitdem wurden die beiden Edelbrandsommeliers Sofie und Josef Badhorn für ihre Schnäpse mehrfach ausgezeichnet, unter anderem mit dem Staatsehrenpreis des Freistaats Bayern.

Adresse Ampertshausen 8, 85301 Schweitenkirchen, brennerei-badhorn.de | **ÖPNV** Buslinie 601, Haltestelle Dietersdorf (plus acht Minuten Fußweg) | **Anfahrt** A 9, Ausfahrt Schweitenkirchen, auf der Dr.-Hans-Eisenmann-Straße circa zwei Kilometer Richtung Süden, in Ampertshausen kurz vor Ortsausgang auf der linken Seite | **Öffnungszeiten** Schaubrennerei: nach Voranmeldung, Hofladen: Sa 9 – 12 Uhr oder nach Vereinbarung (info@badhorn.de oder Tel. 08444/9199895) | **Tipp** Im nahe gelegenen Schweitenkirchen kann man in der Bäckerei Häußler eine Brotzeitpause einlegen oder sich mit Proviant eindecken (Mo – Fr 5.45 – 18 Uhr und Sa 6.45 – 12 Uhr, Hauptstraße 26).

9__Das Alte Sudhaus

Restaurant und ehemals Drehort beliebter Serien

Offiziell besteht die Brautradition der Schlossbrauerei seit 1590, doch vermutlich wurde schon vorher gebraut. Die heutige Brauerei geht auf das Jahr 1793 zurück, und 1846 übernahm die Familie Beck von Peccoz. Schlossherr Michael Freiherr Beck von Peccoz leitet die Brauerei in sechster Generation. Keine Frage, dass der Biergarten in dem ehemaligen Schlosspark einer der beliebtesten in der Umgebung ist. Lässt sich doch in dieser Kulisse – unmittelbar neben dem Schloss – auf wunderbare Art das Auer Bier genießen. Wenn die Biergartensaison sich dem Ende neigt, bietet die Schlossbrauerei eine nicht minder attraktive Atmosphäre, die nicht unbedingt jeder Biergartenbesucher kennt: das Restaurant im Alten Sudhaus.

In einer Glasvitrine im Sudhaus sind Werkzeuge und alte Bierkrüge der Auer Brauerei ausgestellt. In dem gefliesten großen Kessel wurde das Bier gebraut. Bemerkenswert sind die emaillierten alten Werbeschilder, die zahlreich die Wände des Raumes schmücken. Eine solche Sammlung ist einzigartig, und das weit über Bayern hinaus. Der Vater des heutigen Schlossherrn hat die Brauerei-Werbeschilder über Jahrzehnte gesammelt. Weil das Alte Sudhaus in historischer und atmosphärischer Hinsicht etwas Besonderes ist, wurden in den Räumlichkeiten Szenen für die 1980er-Jahre-Erfolgsserie »Kir Royal« gedreht sowie 2013 die Folge »Verlobt mit dem Tod« aus der Serie »Der Alte«, die im April des darauffolgenden Jahres ausgestrahlt wurde.

Direkt neben dem Sudhaus ist die ehemalige Malztenne. Schön urig sind beide Räume, die für den Gastronomiebetrieb renoviert wurden. Die Malztenne bietet Platz für 80 Personen und ist vielleicht etwas »feiner«, im rustikaler wirkenden Sudhaus haben 90 Gäste Platz. Wer Hochzeit, Geburtstag oder Sonstiges feiern möchte, kann beide Räume gleichzeitig mieten, da sie durch eine Doppelflügeltür miteinander verbunden sind.

Adresse Schloßbräugasse 2, 84072 Au in der Hallertau, schlossbraeukeller.de | **ÖPNV** Direktverbindungen aus zahlreichen Orten im Umland; Buslinien 602, 603, 681, 682, 683, Haltestelle Au Rathaus | **Anfahrt** B 301, Richtung Zentrum, dann auf Untere Hauptstraße fahren | **Öffnungszeiten** Restaurant im Alten Sudhaus: Di 17.30–22 Uhr, Mi–So 11.30–14 Uhr und 17.30–22 Uhr | **Tipp** Wer im wahrsten Sinne des Wortes tiefer in die Geschichte der Schlossbrauerei eintauchen möchte, kann an der Kellerführung teilnehmen, eine von vielen interessanten Touren der Auer »Markt-Strawanza«. Bei der Kellerführung steigt man mit Taschenlampe zehn Meter tief hinunter in den geheimnisvollen Eiskeller an der Alten Schloßkellerstraße (Termine: kolping-au.de).

10 Das Disco-Denkmal

Warum die »Tenne« Kultstatus hat

Darauf muss man erst einmal kommen: einer Diskothek ein Denkmal zu setzen. Großartige Idee! Schließlich war die »Tenne« nicht irgendeine Disco, denn sie genoss einen enormen Bekanntheitsgrad, weit über die Hallertau hinaus. Auch wenn München in den 1970er und 1980er Jahren so einige coole Diskotheken hatte, kamen nicht wenige Münchener am Wochenende in die Tenne. Auch aus Ingolstadt und anderen Städten scheuten die Jungs und Mädels damals den weiten Fahrweg in die Au nicht. So viel zum Klischee »Dorfdisco«. Überhaupt hatte die Hallertau in den 70ern und 80ern einige ziemlich coole Clubs, wie zum Beispiel den »Circus« in Gammelsdorf, wo unter anderem Nirvana auftraten (klar, vor ihrem Durchbruch), aber auch Nina Hagen und die Spider Murphy Gang, die auch in der Tenne auftrat.

Andrea, die heute in dem Haus wohnt, in dem einst die Tenne untergebracht war, erinnert sich an die tolle Zeit damals. Sie erzählt, wie es manchmal so voll war, dass man sich kaum bewegen konnte. Aber Andrea ist nicht die Einzige, die gern an diese Zeit zurückdenkt. Deshalb gab es 2016 eine Tenne-Revival-Party, 30 Jahre nach der Schließung. Die Besucher waren zum größten Teil dieselben, nur jetzt halt ein bisschen älter und grau an den Schläfen.

Das ungewöhnliche Denkmal stammt von Peter Meyer-Diener. Wer glaubt, es befände sich am ehemaligen Tenne-Standort um den Gerhart-Hauptmann-Weg, der kann lange suchen. Es steht ganz woanders. Der Weg lohnt sich, wegen der biografischen Beschreibung der Kultdisco und auch wegen der Zitate, die dort über die Tenne zu lesen sind. Als Schmankerl vorab das Zitat eines Bürgers aus Nandlstadt: »Langhaarige Bombenleger, die Haschgift rachern und Stromgitarr spejn.« Oje, wie die Zeit vergeht! Die Haschgift rauchenden, Stromgitarre spielenden Bombenleger sind jetzt Rentner, und ein paar von ihnen schimpfen wahrscheinlich über die Jugend von heute …

Adresse Startpunkt: Rohregger Weg, 84072 Au in der Hallertau | **ÖPNV** Buslinien 602, 603, 681, 683, Haltestelle Hopfenhalle | **Anfahrt** B 301, am Friedhof in Au parken und in den Rohregger Weg gehen, am Spielplatz vorbei und unter der Bundesstraße durch; nach etwa 150 Metern sieht man links eine Art Weg (kurz leicht bergauf), dort circa 70 Meter geradeaus, das Denkmal ist auf der linken Seite | **Tipp** In der Nähe des Friedhofs steht die 1889 erbaute Hopfenhalle. In den letzten Jahren gab es Überlegungen, ob sie abgerissen oder saniert werden soll (Mainburger Straße, gegenüber Ludwig-Thoma-Weg).

11 Der Straußenhof Hiereth

Vielerlei vom größten Vogel der Welt

Das Areal war früher ein landwirtschaftlicher Hof. Als Robert und Bettina Hiereth das Anwesen 2003 übernahmen, fassten sie zwei Jahre später den Entschluss, einen Straußenhof zu gründen. Also bereiteten sie alles vor und bauten zwei Ställe. Im Spätsommer 2006 kamen die ersten zehn Küken nach Badendorf. Die Tiere, konstant circa 35 Exemplare, werden artgerecht gehalten und haben auf der Weide genügend Auslauf. Wer mehr über den Straußenhof erfahren möchte, kann an einer Führung teilnehmen. Wer für die Osterfeiertage nicht »klassisch« auf Hühnereier zurückgreifen möchte: Vor den Osterfeiertagen können Kinder und Erwachsene bei den Hiereths Straußeneier anmalen.

Im Hofladen gibt es nicht nur leere Straußeneier und Schlupfschalen zum Basteln oder als Deko. Man kann auch Lampen und Windlichter aus Straußeneiern kaufen, in verschiedenen Farben und Designs. Die Staubwedel aus den sanften Straußenfedern gibt es in verschiedenen Größen. Entzückend ist auch der Plüschtier-Strauß, bei dem man die Wahl zwischen groß und mittelgroß hat. Für Kinder gibt es Bleistifte mit bunten Straußenfedern. Die Eier werden auch zu Lebensmitteln weiterverarbeitet, zu Nudeln und Eierlikör. Erwähnenswert sind außerdem die Eierlikör-Bonbons, natürlich eiförmig. Das gesunde Straußenfleisch wird zu Salami und Streichwurst verarbeitet. Frisches Fleisch (Filet, Steak, Gulasch, Braten) wird vakuumiert und saisonabhängig verkauft, am besten gegen Vorbestellung.

Der aus Afrika stammende Strauß kann bis zu 2,80 Meter groß werden. Fliegen kann er nicht – dafür aber sprinten, bis zu 70 Kilometer pro Stunde! Die Mär von der Vogel-Strauß-Taktik hält sich hartnäckig, obwohl sie auf einem Missverständnis beruht, das europäische Kolonialisten falsch wahrgenommen hatten. Der Strauß senkt den Kopf und bedeckt das Nest, um bei Gefahr seine Brut zu beschützen. Er steckt ihn nicht in den Sand.

Adresse Badendorf 3a, 85395 Wolfersdorf, straussenhof-hiereth.de | ÖPNV Buslinien 617, 618, Haltestelle Badendorf Ost | Anfahrt B 301, im Norden von Attenkirchen beim Kreisverkehr die Ausfahrt Richtung Westen nehmen, nach zwei Kilometern auf der linken Seite | Öffnungszeiten Selbstbedienungshofladen: täglich 8–20 Uhr (Beratung vor Ort Sa 9–12 Uhr), Kontakt: straussenhof-hiereth.de/kontakt, Infos zur Ostereierbemalung ab Januar auf der Website | Tipp In Wolfersdorf kann man einen Tennisplatz mieten oder Tennisstunden nehmen; angenehme Öffnungszeiten und moderate Preise (Ebersdorfer Straße 10, tennisanlage-wolfersdorf.de).

12 Die Erlöserkapelle

Ein Gesamtkunstwerk auf kleinem Raum

Sakrale Sehenswürdigkeiten beeindrucken häufig durch ihr Alter. Diese Kapelle jedoch ist jüngeren Datums und ein ganz besonderes Kunstwerk. Von außen wirkt sie nicht spektakulär, doch ein Blick ins Innere ist definitiv empfehlenswert. Nach vierjähriger Bauzeit wurde sie im Jahr 2000 fertiggestellt und eingeweiht. Der Künstler ist der Bildhauer, Architekt und Maler Ludwig Valentin Angerer, mit Künstlernamen »Angerer der Ältere«. Er ist der Bruder des Künstlers »Angerer der Jüngere«. 1938 in Bad Reichenhall geboren, lebt er seit vielen Jahren in Biburg. Ludwig Valentin Angerer wurde als Künstler mehrfach ausgezeichnet. Er war ein enger Freund des Schriftstellers Michael Ende, dessen Grab er gestaltet hat.

Die meisterhafte Kombination aus Bildhauerei, Malerei und Architektur in der Erlöserkirche kann auch ein Laie auf Anhieb erkennen. Wer bei schönem Wetter um die Mittagszeit hierherkommt, kann zusätzlich ein Charakteristikum der Erlöserkapelle auf sich wirken lassen, wenn Architektur und Sonne ein effektvolles Licht- und Farbenspiel ergeben. Die Kuppel besteht aus Buntglasfenstern. Direkt darunter wurde vom Künstler eine Röhre gearbeitet, mit der Kreuzigungsgruppe und Jesus Christus am Kreuz. Zu seinen Füßen das Christkind sowie die Darstellung von Johannes dem Evangelisten als Verkünder. Die Szenerie in der Röhre verbindet Ostern und Weihnachten. Darüber schwebt ein Engel, unter der Röhre die Skulpturen, die sich nach dem Licht und der damit verbundenen Erlösung strecken. Interessant ist auch die Schildkröte, die ebenfalls vom Licht angezogen wird und auf deren Panzer zu lesen ist: »Sei ohne Angst.«

Insgesamt sind es 27 Plastiken, die Angerer der Ältere für die Erlöserkapelle geschaffen hat. Wenn man sich Zeit nimmt, kann man die Vielseitigkeit des beeindruckenden Gesamtkunstwerks entdecken, die farblichen Kontraste und die Stimmung, die dadurch eingefangen wird.

Adresse Abensstraße 1, 93354 Biburg | ÖPNV Buslinie 6023, Haltestelle Raiffeisenstraße | Anfahrt B 301, in Altdürnbuch in die Hopfenstraße, die in die Hauptstraße übergeht, nach einem Kilometer rechts in Abensstraße | Öffnungszeiten Man kann jederzeit in die Kapelle hineinsehen. | Tipp Etwa 250 Meter entfernt kann man im Klosterbiergarten einkehren oder zu Kaffee und Kuchen ins Klostercafé gehen (Eberhardplatz 1a).

13 Die Abensquelle

Das Flüsslein kann auch anders

Im Vergleich zu anderen Gewässern, die durch die Hallertau fließen, ist die Abens mit ihren 71 Kilometern Länge ein relativ kurzer Fluss. Nichtsdestotrotz ein bedeutender, denn er schlängelt sich durch Dörfer und Städte – Au, Mainburg und Abensberg. Letztere Stadt trägt seinen Namen, so wie auch das Dorf Abens, circa 1,5 Kilometer östlich der Quelle. Und auch das schöne Abenstal wäre ohne seinen Fluss zwangsläufig nicht das, was es ist.

Der Mainburger Arzt Karl Lautenbacher beschrieb im Jahr 1860 in seinem »Physikatsbericht« auch die Abens: »Sie ist ein echter Fluss des Hügellandes mit ruhigem Laufe, ziemlich gleichmäßigem Wasserstande und im Kleinen vielgewunden.« In der Tat verläuft die Abens kurvenreich und fließt, bis auf wenige Änderungen im Flussverlauf, im Wesentlichen noch auf ihrem natürlichen Weg. Bei Eining, nordwestlich von Abensberg, mündet die Abens in die Donau. In den 1920er Jahren wurde die Mündung zum Schutz vor Hochwasser um wenige Kilometer verlegt. Aus demselben Grund mündet heute auch die Ilm nicht mehr in die Donau, sondern westlich von Bad Gögging in die Abens.

So lieblich die Abens auch ist, kann sie äußerst unbequem werden. Nach starken Regenfällen steigt der Pegel, und sie verwandelt sich in einen reißenden Strom. Mainburg, Abensberg, Au, Bad Gögging … Diese Orte sind wegen der Abens hochwassergefährdet. Besonders schlimm war es für Mainburg 1951, aber auch 2021 hat der Fluss große Schäden angerichtet.

Die Abensquelle findet man im Dreieck zwischen Dürnzhausen, Sünzhausen und Loipertshausen. Nach einem kurzen Spazierweg sieht man ein kleines Schild. Will man es lesen können, muss man näher treten, aber dann hat man die Abensquelle ohnehin schon gefunden. Umrahmt wird die Quelle von dichtem Wildwuchs. Mittig ist eine Art kleiner Steg, von dem aus man die Quelle und ihr Plätschern besser sehen und hören kann – je nach Jahreszeit.

Adresse Parken: Wolnzacher Straße, 85301 Schweitenkirchen | **Anfahrt** A 9, Ausfahrt Schweitenkirchen, im Ort der Hauptstraße Richtung Osten folgen, kurz vor Sünzhausen links Richtung Dürnzhausen und geradeaus weiter. Nach circa 1,5 Kilometern sieht man rechts den Wegweiser zur Abensquelle. Zu Fuß den Weg rechts nehmen, nach circa zehn Minuten an einer Gabelung links, nach ein paar Schritten ist rechts die Quelle. | **Tipp** In Sünzhausen gibt es in Mion's Café leckeren hausgemachten Kuchen (mions-cafe.de, Obere Dorfstraße 12).

14 Der Gaishof

Mauerreste eines alten Anwesens

Der Gaishof ist heute ein Lost Place. Der Name blieb als Ortsteil bestehen, wenn es auch ein kleiner und unbewohnter Ortsteil ist. Von dem Anwesen sind nur noch Mauerreste übrig, die Rückwand des einstigen Gebäudes. Regelmäßig legen Radfahrer oder Wanderer eine Pause ein und sehen sich die Ruine kurz an. Außerhalb des Landkreises Neuburg-Schrobenhausen ist seine Historie kaum bekannt, obwohl der Gaishof über Hunderte von Jahren existierte.

Erstmals schriftlich erwähnt wurde das Anwesen 1423, das seinerzeit aber schon länger bestanden haben muss. Wann genau es entstand, ist unbekannt. Natürlich hat der Gaishof allein aufgrund seines Alters häufig den Besitzer gewechselt und war lange im Besitz Adliger. Anfangs wurden Geißen, also Ziegen, gehalten, was den Namen erklärt. Später waren es Schafe, trotzdem blieb der Name bestehen. Im 18. Jahrhundert wurde der Gaishof im Sommer auch als Bierkeller zur Kühlung genutzt.

Wegen Weide- und Grundstücksstreitigkeiten zwischen den Landwirten kam es immer wieder zu Konflikten, wobei mitunter auch körperliche Gewalt eine Rolle spielte. Die adligen Gutsherren wollten die Bauern besänftigen und ließen an jedem Pfingstmontag ein Volksfest veranstalten, mit Wettrennen und Verköstigung. Leider nutzten einige das Volksfest, um ihrem Ärger Luft zu machen. Doch auch das Buhlen der jungen Burschen um schöne Mädchen löste Konkurrenzkämpfe aus. Regelmäßig kam es an diesen Pfingstmontagen zu heftigen Schlägereien, wobei einmal ein Mann sogar durch einen Messerangriff tödlich verletzt wurde. Weil das Ganze immer wieder eskalierte, war am Pfingstmontag 1846 dann endgültig Schluss mit dem Volksfest.

In der ersten Hälfte des 20. Jahrhunderts wurden auf dem Areal noch Schafe gehalten, aber das Gelände auch anderweitig agrarisch genutzt. Dann hatte das Anwesen seinen Zweck erfüllt, und seitdem verfällt und verwildert der ehemalige Gaishof.

Adresse Edelshausen (1,5 Kilometer südöstlich des Orts), 86529 Schrobenhausen | **ÖPNV** Buslinie 30, Haltestelle Edelshausen Arnbachstraße | **Anfahrt** B 300 bis Schrobenhausen, auf Edelshausener Straße vier Kilometer Richtung Norden, in Edelshausen auf Arnbachstraße in östlicher Richtung, die Bundesstraße überqueren und parken, zu Fuß geradeaus weiter Richtung Wald gehen, nach etwa 700 Metern kommt man an eine Kreuzung mit einem Aussichtsturm; rechts gehen, nach circa 500 Metern auf der rechten Seite | **Tipp** Ein verschwundener Ort in Edelshausen: das Schloss des altbayerischen Adelsgeschlechts Sandizell. Es existierte nur 70 Jahre, bis es im Dreißigjährigen Krieg zerstört wurde, und befand sich südlich der Kirche Sankt Mauritius.

15 Das Kreuz im Baumstamm

Wenn die Natur Kuriositäten hervorbringt

Die Natur hat schon die ungewöhnlichsten Pflanzen hervorgebracht, und Kruzifixe haben in der Hallertau (und überhaupt in Bayern) nicht gerade Seltenheitswert. Das waren schon mal die zwei wichtigsten Kriterien, die dazu beigetragen haben, dass dieses ungewöhnliche Kreuz entstanden ist. Durch die Kombination von Natur und christlichem Symbol entstand diese Kuriosität. Doch hatten auch die vielen Jahre Einfluss auf dieses »kleine Wunder«. Es ist nämlich nicht so, dass jemand besonders innovativ sein wollte und deshalb beschloss, es sei irgendwie cool oder witzig, es mal anders zu machen und das Kreuz nicht nach klassischer Manier aufzuhängen. Natürlich nicht. Auch wenn der eine oder andere Wanderer wahrscheinlich schon diesen Gedanken hatte.

Unter dem Kreuz finden sich haltbare Blumen und ein Text in einem Holzrahmen. Das Gedicht besteht aus 14 Zeilen und ist in altdeutscher Schrift geschrieben. Die ersten sechs Zeilen lauten: »Wanderer, stehe still und staune / vor dem Wunder der Natur! / Kreuz im Baum ist nicht nur Laune, / vielmehr predigt die Figur: / Trag auch Du in Deinem Herzen / Christus wie er leidet, liebt und siegt.«

Es ist in der Tat ein Wunder der Natur, wie am Anfang des Gedichts zu lesen ist. Und dass man als Wanderer stehen bleibt und staunt, wurde vom Verfasser richtig vermutet. Mitte des 20. Jahrhunderts wurde das Kreuz ganz normal am Baumstamm befestigt. Der Baum ist über die Jahrzehnte gewachsen und hat sich allmählich verändert und eine andere Form angenommen. Im Laufe der Zeit ist das Kruzifix mit dem Baum zusammengewachsen. Das Kreuz im Baumstamm ist eine Mini-Attraktion – und dass sie sich im Wald befindet und nur selten besichtigt wird, macht sie vielleicht umso interessanter. Es erinnert tatsächlich ein bisschen an die Werke jener seltsamen Künstler, die Gegenstände in verkehrte Formen bringen und damit zu Weltruhm gelangen.

Adresse Edlmannsberg (einen Kilometer östlich des Orts), 84095 Furth | **Anfahrt** B 299 bis Furth, auf Attenhauser Straße nach Süden, in Edlmannsberg links und in der Nähe des Waldkindergartens parken. Der Kindergarten ist rechts, links den Weg in den Wald nehmen, etwa zwei Minuten geradeaus, kurz vor der Waldkapelle führt ein Weg nach unten (nur die erste Etappe ist steil). Nach circa 200 Metern rechts gehen, kurz danach sieht man das Kreuz. | **Tipp** In Furth empfiehlt sich eine Einkehr ins Klosterbräustüberl, das zur Klosterbrauerei Furth gehört (klosterbräustüberl-furth.de, Am Klosterberg 5).

16 Der Bethlehem-Stall

Eine entzückende kleine Privathütte im Wald

Wer in der schönen Gegend zwischen Wolnzach und Au zum Wandern unterwegs ist, kann die Gelegenheit nutzen, um an diesem lauschigen Platz eine kurze Rast einzulegen – oder einen Blick darauf zu werfen. Mit Können und Geschick hat Ludwig Siebler die Hütte Anfang der 2000er Jahre errichtet. Sie wird manchmal als Rast- oder Picknickhütte bezeichnet, doch laut Familie Siebler heißt das kleine, charmante Bauwerk »Bethlehem-Stall«. Der Name entstand deshalb, weil die Sieblers darin zur Weihnachtszeit eine Krippe aufstellten.

Ganz in der Nähe (ein Stück weiter Richtung Norden und dann rechts) befindet sich eine Kapelle, die zur selben Familie gehört und dem heiligen Ägidius geweiht ist – die Ägidiuskapelle Egg. Ludwig Siebler und sein guter Freund Ägidius Hartung bewahrten die Kapelle vor dem Verfall, indem sie sie zwischen 1985 und 1989 renovierten. Daraufhin gab es eine große Einweihungsfeier, und jährlich findet eine Maiandacht statt.

Jedenfalls hat die Kapelle auch etwas mit dem Bau des Bethlehem-Stalls zu tun, denn auf dem Weg zur Kapelle legte man an dem idyllischen Ort eine kleine Pause ein, was bei Regen oder Schnee aber nicht möglich war. Es brauchte ein Dach! Auf einem Bauernhof wurde der Dachstuhl abgerissen, und so holte Ludwig Siebler von dort die Balken. In kreativer Eigenregie entstand der Stall in einer Art Alpenstil. Der Balkon macht ihn zusätzlich attraktiv. Errichtet ist der Bethlehem-Stall aus Fichtenholz, einer robusten Holzart. Das Ganze wurde in natürlichem Zustand belassen, ohne etwas zu überstreichen.

Für Familie Siebler ist der Bethlehem-Stall ein kleines Herzensprojekt, das von Mama Roswitha regelmäßig gereinigt und liebevoll dekoriert wird – sogar mit Scheibengardinen an den Fenstern. Im Oktober 2022 bekam Tochter Julia von ihrem langjährigen Freund Andreas hier einen Heiratsantrag – romantisch genug ist der Ort allemal!

Adresse Egg (circa 200 Meter östlich des Orts), 85283 Wolnzach | **Anfahrt** A 93, von Wolnzach Richtung Süden auf Auerbergstraße, circa drei Kilometer folgen, rechts nach Egg, durch den Ort und circa 100 Meter weiter bis zur Gabelung, den »Hauptweg« 20 Meter weitergehen, dann links zum Stall | **Tipp** Im Hof der Sieblers steht eine Kutsche aus den 1930er Jahren im Originalzustand (Egg 10).

17 Das älteste Kreuz der Welt …

… hängt nicht mehr im Kölner Dom

Die Filialkirche Heilige Kreuzauffindung in Enghausen beheimatet einen einzigartigen Schatz, weshalb das Kirchlein mit einer Alarmanlage gesichert ist: Das Enghausener Kreuz ist das älteste Monumentalkreuz der Welt. Einst befand es sich im Kloster Moosburg. Als dieses neu ausgestattet wurde, ging das Kruzifix um 1500 an die damals neue Filialkirche in Enghausen. Im Jahr 2002 kam das Kreuz zur Restaurierung nach München, da es sich in schlechtem Zustand befand. Eine entnommene Probe wurde zur Altersbestimmung nach Zürich geschickt, wo eine Radiokarbonmessung durchgeführt wurde. Sie brachte das Alter ans Licht. Mehrere Gegenproben bestätigten den Befund, unter anderem auch von der Universität Erlangen: Es stammt aus den Jahren zwischen 890 und 900 (die Beine wurden im 12. Jahrhundert erneuert). Bis dahin galt das Gerokreuz im Kölner Dom (um 970) als ältestes Kreuz der Welt.

Nach der aufwendigen Restaurierung kam das Kreuz am 5. Mai 2006 wieder in die Enghausener Kirche. Beim Papstbesuch am 10. September 2006 hing das kostbare Schnitzwerk während des Gottesdienstes an der Rückwand über der Kathedra des Papstes. Da die Versicherungssumme von einer Million Euro unbezahlbar war, wurde das Kunstwerk rund um die Uhr von der Schweizergarde bewacht.

Der Korpus ist 1,82 Meter hoch und aus Lindenholz geschnitzt, die Balken sind aus Eichenholz. Jesus ist im Gegensatz zu späteren Epochen nicht leidend dargestellt, sondern vielmehr würdevoll, erhaben und mit offenem Blick, typisch für die Karolingerzeit. Die Füße sitzen auf einem Dämonenkopf auf. Das Lendentuch war ursprünglich dunkelrot, heute ist es goldfarben.

Im hinteren Teil der Kirche ist ein Stück einer Bombe ausgestellt, vom Angriff des 27. Februar 1945 auf Enghausen. Ebenso Bilder und Zeitungsausschnitte, die von diesem Ereignis Zeugnis ablegen.

Adresse Enghausen, 85419 Mauern | ÖPNV Buslinien 501, 683, Haltestelle Enghausen | Anfahrt A 92 bis Moosburg, auf Mauerner Straße, nach etwa drei Kilometern bei Ortsausgang Mauern von der Mainburger Straße rechts abbiegen und einen Kilometer geradeaus bis Enghausen | Öffnungszeiten Die Kirche ist verschlossen, es finden keine Gottesdienste statt. An der Kirchentür hängt ein Zettel mit der Kontaktmöglichkeit zur Mesnerin Frau Hösl, die alles über das Kreuz weiß und die Kirche aufsperrt. | Tipp Der historische Wanderweg um Mauern ist informativ und unterhaltsam, außerdem eine schöne Spazierstrecke mit Schautafeln. Startpunkt ist das ehemalige Mauerner Schloss, das heutige Rathaus (Schloßplatz 2).

18 Die Schimmelkapelle

Von Mythen und Legenden, Heiden und Christen

In Bayern gibt es mehrere sogenannte Schimmelkapellen. Bei dieser soll es sich um das »Original« handeln, aufgrund dessen die Sage vom eingesperrten Pferd sich verbreitete. Offiziell heißt die Kapelle Sankt Stephanus, benannt nach dem Schutzpatron der Pferde, Pferdeknechte und Kutscher. Erstmals urkundlich erwähnt wird das Bauwerk 1590, errichtet wurde es vermutlich wesentlich früher. Umgeben ist die Kapelle von Hopfenfeldern und weiten Wiesen im Abenstal.

Der Legende nach wurde ein Schimmel in der Kapelle eingesperrt und verhungerte. Es gibt mehrere Versionen der Geschichte. In einer wurde das Pferd von Dieben in der Kapelle eingesperrt, doch weil sie verhaftet wurden, konnte es nicht befreit werden. In einer weiteren Version heißt es, der Schimmel sei an Fronleichnam der Spur des Grases gefolgt und versehentlich eingesperrt worden. Weil in der Kapelle nur selten Gottesdienste stattfanden, sei das Tier vor Hunger verendet.

Ob es diesen Schimmel jemals gegeben hat – wer weiß. Nicht alle überlieferten Geschichten sind zwangsläufig erfunden, doch nicht selten wurden sie großzügig ausgeschmückt. Ein Schimmel ist übrigens auch im Wappen der Gemeinde Rudelzhausen verewigt und in der dritten Strophe des »Holledauer Lieds«.

In den 1820er Jahren wollte der Pfarrer die Kapelle abreißen lassen, doch die Dorfbewohner rebellierten und spendeten, woraufhin die Schimmelkapelle erhalten blieb. Aber da gibt es noch etwas, das diesen Ort besonders macht: Während der Restaurierung 1976 und der Freilegung des Altarsteins wurde in der linken vorderen Ecke ein Muschelkalkblock entdeckt. Er befand sich unterhalb des Kirchenbodens. Als sehr wahrscheinlich gilt, dass es sich dabei um den Opferstein eines heidnischen Altars handelt und sich an dieser Stelle eine Opferkultstätte befand. Am 25. Dezember 1977 wurde der renovierte Altar mit dem 1.000 Jahre alten Altarstein neu geweiht.

Adresse Enzelhausen (an der B 301), 84104 Rudelzhausen | ÖPNV Buslinien 602, 603, 682, 683, Haltestelle Enzelhausen | Anfahrt Vom Ortskern Rudelzhausen auf der B 301 zwei Kilometer in südwestlicher Richtung – die Kapelle befindet sich rechter Hand. Kurz davor ist seitlich der Fahrbahn ein asphaltierter Abschnitt, auf dem man parken kann. | Öffnungszeiten Die Kapelle ist grundsätzlich geschlossen. Wer sie besichtigen möchte, wende sich an die Pfarrei Rudelzhausen: pfarrei.rudelzhausen@t-online.de. | Tipp Auch Haselnüsse gibt es in der Hallertau, nur drei Kilometer entfernt. Der familiengeführte Betrieb »Holledauer Haselnuss« bietet einen Hofladen mit Haselnussprodukten (täglich 8–19 Uhr, Furth 2).

19_Die Waldkapelle

Von außen gruselig, aber innen freundlich

Mit dem dunklen Anstrich und den goldgelben Verzierungen wirkt die Kapelle ein bisschen gruselig, besonders bei nebligem Herbstwetter. Doch auf den zweiten Blick offenbart sich ihre ungewöhnliche Schönheit, besonders im Kontrast mit dem grünen Hintergrund.

Die Kapelle ist stets geöffnet und lädt ein – auf ein Innehalten und, wer möchte, auf ein Gebet. Über der Tür prangt ein Schild mit den Worten: »Müder Wanderer! Kehre ein in dieses Haus, bete ein Vater-Unser, dann kehr gesund nach Haus.« Beim Eintreten entdeckt man beidseitig neben der Tür je einen Stuhl. Die kleinen Seitenfenster spenden Licht. Auf einer der Deckenplatten stehen die Buchstaben JHS, was für das Lateinische »Iesus Hominum Salvator« (Jesus, Erlöser der Menschen) steht, volkstümlich: »Jesus, Heiland, Seligmacher«. Auf dem kleinen Altar liegt ein schneeweißes Tuch, mit Spitzen und einer sakralen Stickerei. Vor einem Gemälde stehen auf dem Altar eingerahmte Bilder, Kruzifixe, Blumen, Kerzen, Figuren der Muttergottes und von Engeln.

Unabhängig davon, ob man katholisch ist oder nicht, gläubig oder ungläubig: Wenn man sich die Zeit nimmt und diesen kleinen Raum mit seiner Atmosphäre auf sich wirken lässt, ist es ein bisschen so, als könne man gleichzeitig entspannen und Kraft schöpfen. Möglicherweise liegt es an der freundlichen Aufforderung am Eingang, an dem farbenfrohen Inventar, an dem Standort im Wald … Einfach ausprobieren! Das Verweilen in dieser bezaubernden Kapelle hat zumindest den Effekt, nach einer Wanderung eine kurze Rast einlegen zu können.

Im Vergleich zu anderen Kapellen ist diese relativ jung. Eingeweiht wurde sie am 12. August 1928 vom örtlichen Pfarrer. Sie besteht aus Eichenholz, gebaut von zwei Zimmerer-Brüdern aus dem Ort. Um die Instandhaltung und Pflege kümmern sich ehrenamtliche Ernsgadener. Dass ihr Engagement von Herzen kommt, merkt man als Besucher sofort.

Adresse Kapellenweg, 85119 Ernsgaden | **ÖPNV** Buslinie 6008, Haltestelle Ernsgaden Kirche | **Anfahrt** Von der B 16 auf die Hauptstraße, in den südlichsten Teil von Ernsgaden Richtung Wald fahren und am Kapellenweg parken. Gegenüber den 20er-Hausnummern führt ein Weg in den Wald. Nach circa 120 Metern sieht man die Kapelle auf der rechten Seite. | **Öffnungszeiten** tagsüber geöffnet | **Tipp** Bevor man Ernsgaden verlässt, sollte man sich das architektonische Schmuckstück Gasthof zum Jägerwirt ansehen. Das Haus ist circa 300 Jahre alt, an seiner Südseite befindet sich ein Erker mit einer Sonnenuhr (Geisenfelder Straße 9).

20_Anton Gosswins Wohnung

Der talentierte Hofkapellmeister

Freising ist nicht nur die älteste Stadt an der Isar, sie kann auch eine interessante Musikhistorie vorweisen. So stammt das älteste Kirchenlied, das Petruslied, aus Freising, entstanden um das Jahr 900. Als wahrscheinlich gilt, dass es zur Einweihung der Peterskirche auf dem Freisinger Domberg gesungen wurde.

Auch wenn Anton Gosswins Biografie beeindruckend ist, kennen nur wenige außerhalb Freisings seinen Namen. Aus seinem persönlichen Leben sind keine genauen Daten bekannt. Durch Kriege und die Säkularisation sind viele Dokumente zerstört worden. Hinzu kommt die unterschiedliche Schreibweise seines Namens: Anthon oder Antonius Goszwin und eben Anton Gosswin. Geboren wurde er um das Jahr 1540 wahrscheinlich in Lüttich (heute Belgien) und war vermutlich niederländischer Abstammung.

Im Jahr 1562 sang Gosswin unter der Leitung Orlando di Lassos als Altist in der Münchener Hofkapelle. Wenige Jahre später heiratete er die Tochter eines Schneiders und lebte in der Vorderen Schwabinger Gasse (heute Residenzstraße). Im Jahr 1568 wurde er Münchener Bürger, ein Jahr später Kapellmeister in Landshut. Später sang er wieder in der Münchener Hofkapelle, wurde jedoch nach neun Jahren wegen finanzieller Kürzungen entlassen. Danach war er Kapellmeister bei Ernst von Bayern, dem Fürstbischof von Freising. Das kaiserliche Bürgerwappen wurde ihm 1574 verliehen. Im Jahr 1581 veröffentlichte Gosswin in Nürnberg sein Werk »Newe Teutsche Lieder, mit dreyen Stimmen«.

Die Gedenktafel wurde auf Initiative des Apothekers Fritz Müller Anfang der 1970er Jahre angebracht. Nach 85 Jahren schloss dessen Sohn Josef Müller die traditionsreiche Adler-Apotheke zum Jahresende 2022. Über der Gedenktafel am Gebäude sieht man das Wappen, welches Gosswin 1574 verliehen bekam. Er zog 1582 in das Haus und lebte dort bis 1595. Gestorben ist er um das Jahr 1598 – wo, ist nicht bekannt.

Adresse Obere Hauptstraße 62, 85354 Freising | **ÖPNV** Buslinien 621, 631, 633, 639, Haltestelle Schönmetzlerstraße | **Anfahrt** A 92 oder B 301, Richtung Zentrum fahren | **Tipp** Die Skulptur »Dicke Esther« des Wiener Künstlers Ernst Fuchs erhitzte 1991 die Gemüter. In ihrer Nacktheit empfanden einige Freisinger die Figur als vulgär, weshalb sie beizeiten bekleidet wurde. Was damals für einen Eklat sorgte, dürfte heute wohl kaum noch jemanden aufregen, weshalb sie fast gänzlich in Vergessenheit geraten ist (Ecke Kammergasse/Amtsgerichtsgasse).

21 Das Korbiniansbrünnlein

Eine etwas versteckte kleine Quelle

Die ungewöhnlichen Wegnamen Oberer und Unterer Schlangenweg haben ihren Ursprung in der Tatsache, dass es hier einmal viele Giftschlangen gab. Aber das ist lange her, wie auch die Geschichte über den heiligen Korbinian. Er war der erste Bischof von Freising und ist der Schutzpatron der Stadt. Geboren wurde er in Frankreich, ging nach Rom und gründete später ein kleines Kloster in Südtirol. Er hinterließ zwei nach ihm benannte Legenden, den »Korbiniansbär« und das »Korbiniansbrünnlein«. Erstere Legende besagt, dass er während einer Reise einen Bären zähmte, indem er ihn zur Strafe (weil er sein Pferd gerissen hatte) sattelte und statt des Pferds nun der Bär als Lasttier die Reise antreten musste.

In der zweiten Legende heißt es, Korbinian habe eine heilende Quelle hervorgebracht. Das erzählte der Freisinger Bischof Arbeo um das Jahr 770 herum. Während einer seiner täglichen Spaziergänge und Gebete habe Korbinian einen Stock in die Erde gestochen – und prompt kam eine Quelle hervor. So wurde das Korbiniansbrünnlein zum Wallfahrtsort, und viele Menschen pilgerten an diesen Ort, um Genesung zu finden. Es hieß, das Wasser habe eine heilende Wirkung und helfe bei Augenleiden, Fieber und Lepra, was damals eine weitverbreitete Infektionskrankheit war.

Viele Jahre später entstand oberhalb des Brünnleins eine Kapelle, doch irgendwann war sie in einem schlechten Zustand, und so wurden die Gebrüder Asam vom Kloster Weihenstephan mit dem Bau einer neuen Kapelle beauftragt. Im Jahr 1720 errichtet, existierte sie nur etwas über 80 Jahre und wurde im Zuge der Säkularisation zerstört. Heute ist von der Korbinianskapelle nur noch eine Ruine übrig – allerdings eine schöne, die häufig als Fotomotiv dient. Im Freisinger Dom haben Cosmas Damian Asam und Egid Quirin Asam das wundersame Ereignis über die Quelle in einem Fresko verewigt. Das Wasser aus dem Brunnen zählt zu den ältesten Heilquellen Bayerns.

Adresse Oberer Schlangenweg, 85354 Freising | **ÖPNV** Buslinie 639, Haltestelle Weihenstephaner Berg | **Anfahrt** A 92 oder B 301, in der Straße Alte Akademie parken, zu Fuß Richtung Brauerei Weihenstephan, am Bräustüberl vorbei, links und dann rechts in den Hofgarten, geradeaus, am rechten Rand des Gartens führt eine Treppe nach unten zur Ruine, eine weitere Treppe zum Eingang des Korbiniansbrünnleins | **Öffnungszeiten** April–Okt. am ersten Sonntag im Monat 14–17 Uhr ist das Gitter für Besucher geöffnet | **Tipp** Ein paar Minuten zu Fuß entfernt liegt der Oberdieckgarten, ein schöner Ort zum Entspannen (April–Okt. 9–18 Uhr, zurück zum Hofgarten, rechts und dem Weg Am Hofgarten folgen, rechts auf Weihenstephaner Fußweg).

22 Der Obazde

Ein Brotzeitklassiker, der jetzt manchmal anders heißt

Hier wurde er erfunden, der Brotzeit- und Biergartenklassiker: Obazda (auch Obatzter). In den 1920er Jahren stand in der Küche noch kein Kühlschrank zur Verfügung. Wohin mit dem übrig gebliebenen Camembert? Also ließ sich Katharina Eisenreich, 1920 bis 1958 Wirtin des Bräustüberls Weihenstephan, etwas einfallen. Mit dem Camembert, weiteren Zutaten und einer gehörigen Prise Instinkt und Kreativität entstand der Obazde. Den Gästen schmeckte es jedenfalls, und die Kreation wurde immer beliebter. Der Obazde trat seinen Siegeszug an, weit über Freising hinaus.

Wer nach dem Originalrezept des Obazd'n sucht, wird verschiedene Varianten finden. Grundsätzlich besteht der Obazde aus Camembert, Butter, Zwiebeln, Salz, Pfeffer und Paprikapulver. Ob Frau Eisenreich wirklich Kümmel, Bier und Frischkäse untergerührt hat, kann man nicht mehr sicher sagen. Das mit der Deko dürfte auch erst nach und nach entstanden sein. Vielleicht hat die Wirtin ihren Obazd'n mit Salatbouquet und Zwiebelringen serviert. Wenn sie Salzstangen verwendet hat, dann jedenfalls nicht in den Anfangsjahren, denn die kamen hierzulande erst 1935 auf den Markt.

Seit 2015 ist sein Name von der EU als geografische Angabe geschützt. Es darf sich nur Obazda oder Obatzter nennen, wenn die Produktion in Bayern stattgefunden hat. Außerdem müssen die Wirte in Sachen Zutaten, Aussehen und Konsistenz einige Kriterien erfüllen, um die Authentizität des Kulturguts zu bewahren. Die Gastronomen bezahlen für die Rezeptkontrollen, und wer nicht einverstanden ist, darf seine Käsezubereitung eben nicht Obazda oder Obatzter nennen. Nachdem die Verordnung in Kraft getreten war, widersetzten sich einige Wirte. Also gaben sie ihrem Obazd'n einfach einen neuen Namen. Einige Gäste verstehen dann oft nicht, dass der Obazde gemeint ist. Welche Meinung Katharina Eisenreich wohl zu alldem gehabt hätte?

Adresse Weihenstephaner Berg 10, 85354 Freising | ÖPNV Buslinie 639, Haltestelle Weihenstephaner Berg | Anfahrt A 92 oder B 301, in der Straße Alte Akademie parken und Richtung Brauerei gehen | Öffnungszeiten Bräustüberl Weihenstephan täglich 10–23 Uhr | Tipp Die Biere der Brauerei Weihenstephan (älteste Brauerei der Welt) können im Getränkemarkt Bergquelle erworben werden (den Berg hinuntergehen und schräg gegenüber rechts, bergquelle-weihenstephan.de, Weihenstephaner Berg 21).

23 Das Denkmal für die Schlacht

Wie etwas fast Vergessenes zum Mythos wurde

Es steht nicht überpräsent an der Straße, weshalb viele daran vorbeifahren, ohne um die Bedeutung dieses Denkmals zu wissen. Von der Straße geht man ein paar Schritte bergauf, die acht Stufen führen direkt zum Denkmal, auf dem zu lesen ist: »Errichtet nach fünfhundert Jahren von ihren dankbaren Nachkommen 1842.« Experten sind sich bis heute nicht ganz einig. Hat es sich um ein Scharmützel oder um eine Schlacht gehandelt?

Was am 9. November 1313 geschah: Die Habsburger begehrten nach Einfluss in Niederbayern, was Herzog Ludwig IV. (später Ludwig der Bayer) aus dem Hause Wittelsbach an diesem geschichtsträchtigen Tag zu verhindern wusste. Er ging aus der Schlacht gegen seinen Habsburger Cousin Herzog Friedrich von Österreich (Friedrich der Schöne) als Sieger hervor. In welchem Ausmaß sich das Aufeinandertreffen abgespielt hat, ist heute nicht mehr nachvollziehbar. Was letztendlich zählt, ist das Resultat. Hätten die Habsburger den Kampf gewonnen, würde die Region heute mit großer Wahrscheinlichkeit zu Österreich gehören. Es waren namenlose Kämpfer, die ihr Leben verloren, Ritter und Bauern. Einen speziellen Helden, der mit dieser Schlacht in Verbindung gebracht wird, gibt es nicht, außer natürlich Ludwig den Bayern.

Zwischen Schlacht und Denkmal liegen fünf Jahrhunderte. Im Jahr 1832 wurde Franz Anton Gottstein Pfarrer in Gammelsdorf. Er begann, über die Gegend zu forschen, und wurde dabei immer enthusiastischer. Das Ereignis des 9. November 1313 war bei den Bürgern weitestgehend in Vergessenheit geraten, doch der Pfarrer ließ die Erinnerung daran wieder aufleben und weckte den Patriotismus in der Region. Eine Finanzierung von staatlicher Seite soll abgelehnt worden sein, weshalb das Denkmal durch Spenden aus Landshut, Ingolstadt, Straubing und Moosburg realisiert wurde.

Adresse Hauptstraße (Südteil), 85408 Gammelsdorf | ÖPNV Buslinien 501, 683, Haltestelle Gammelsdorf | Anfahrt A 92 bis Moosburg, auf Mauerner Straße etwa zwei Kilometer Richtung Norden, rechts nach Pfettrach abbiegen und der Straße circa fünf Kilometer folgen. Das Denkmal befindet sich kurz vor dem Ortseingang Gammelsdorf auf der linken Seite. | Tipp Auf der anderen Straßenseite steht ein Denkmal in Form eines großen Steins mit der Aufschrift »1313 Streitfeld«, darunter ist eine Gans abgebildet. »Die Sage von der steinernen Gans« wird auf einer Infotafel erzählt.

24 Die Turmkirche

Außergewöhnliches mit rätselhaftem Ursprung

Im Dorf Gasseltshausen findet man ein originelles zweigeschossiges Gebäude, das auf seine eigene Art ein kleines Prachtstück ist. Früher glaubten die Menschen, der romanische Backsteinbau stamme von den Römern, weshalb er im Volksmund bis heute »Römerturm« genannt wird. Abwegig war die Vermutung keineswegs, denn auf der Anhöhe hätten die römischen Legionäre einen guten Überblick gehabt. Allerdings entstand der Turm um das Jahr 1200, als die Römer die Gegend längst verlassen hatten. Der ursprüngliche Zweck des Bauwerks ist unklar – möglicherweise wurde es einst als Wehrturm errichtet. Die Giebel stammen von 1657, der Innenausbau fand im 18. Jahrhundert statt.

Der Römerturm ist die Kirche »Unserer Lieben Frau«. Im Erdgeschoss sind die Mauern 2,5 Meter dick, im Obergeschoss über einen Meter. In einer Wandnische in der Unterkirche sieht man die Figur der Muttergottes mit dem Jesuskind, daneben hängt der ehemalige gigantische Kirchenschlüssel. Er misst 41 Zentimeter und hat ein Gewicht von etwa fünf Kilogramm. Sowohl in der Unter- als auch in der Oberkirche stehen Kirchenbänke, und es befinden sich dort jahrhundertealte Altäre und Holzfiguren der Muttergottes und mehrerer Heiliger. Ebenfalls ein Blickfang ist der uralte Opferstock, dessen genaues Alter nicht bekannt ist.

Nach oben geht man über äußerst steile Holztreppen, auf einem Abschnitt über eine Ziegeltreppe. Die beiden Kirchenglocken befanden sich von Anfang an in dieser Kirche, eine kleinere Glocke mit Jesus am Kreuz und eine größere Glocke mit der Muttergottes und dem Jesuskind. Im Dachstuhl findet sich ein nettes Detail: Es gibt eine Holzluke in der Mauer. Der winzige Raum hat nach draußen eine Öffnung, sodass ein Turmfalke hineinfliegen kann. Wenn die Luke von innen geöffnet wird, kann man mitunter ein Ei entdecken. An klaren Tagen hat man außerdem einen schönen Ausblick.

Adresse Gasseltshausen (Nordseite), 84089 Aiglsbach | ÖPNV Buslinie 6039, Haltestelle Gasseltshausen | Anfahrt A 93, Ausfahrt Aiglsbach und dem Wegweiser nach Gasseltshausen folgen | Öffnungszeiten Herr Waldinger öffnet die Kirche für Besucher. Die Telefonnummer befindet sich an der Kirchentür. | Tipp Schräg vom Kircheingang steht ein prächtiger Birnbaum, der mehrere hundert Jahre alt sein soll. Es ist wie mit der Kirche, vor der er steht: Viel weiß man nicht über seinen Ursprung.

25 Die kleine Kirche Sankt Nikolaus

Mit der Zeit wurde sie größer und farbiger

So klein sie auch ist und so verlassen sie auf der Wiese auch wirken mag, ist die Kirche Sankt Nikolaus mit ihrer kräftigen Farbe nicht nur schön anzuschauen, sondern auch unübersehbar. Im Weiler Geberskirchen hat die alte Kirche ihren Standort, und das seit über 500 Jahren. Einen klassischen gepflasterten Fußweg zum Eingang gibt es nicht. Das macht auch nichts, denn so mitten auf der Wiese sieht sie umso aparter und interessanter aus.

Die Anfänge des spätgotischen Baus begannen um 1490 mit dem Chorraum. Im Jahr 1710 bekam die Kirche mit dem Anbau des Langhauses einen neuen Altar, und auch der Dachreiter samt Haube wurde aufgesetzt. Die ältere der beiden Kirchenglocken stammt aus dem Jahr 1756. Im Jahr 2016 begannen umfassende Renovierungen und eine Neugestaltung, zuerst im Außenbereich.

Damit die Renovierungsarbeiten realisiert werden konnten, waren Zuschüsse nötig, die unter anderem vom Bistum Regensburg, dem Landkreis Landshut und dem Bezirk Niederbayern gewährt wurden. Nicht zuletzt haben sich auch die Gemeinde Furth sowie das Landesamt für Denkmalpflege engagiert. Wer den Innenraum der Kirche sehen möchte, kann das während eines Gottesdienstes, ansonsten ist das Kirchlein geschlossen. Gottesdienste finden eher selten statt, aber doch hin und wieder.

Aufgrund von zahlreichen Kirchenaustritten und immer weniger Pfarrern ist bereits so manche Kirche obsolet geworden. Deshalb werden zunehmend sakrale Gebäude durch Profanierung zu Cafés und Kneipen, Kletterhallen oder Buchhandlungen umfunktioniert. Nun, deshalb ist es vielleicht umso wichtiger, einiges zu bewahren, auch wenn das jeweilige Objekt kaum noch genutzt wird. Aus geschichtlichen und kulturellen Gründen. Immerhin sind es jahrhundertealte Zeitzeugen.

Adresse Geberskirchen, 84095 Furth | ÖPNV Buslinie 6240, Haltestelle Geberskirchen | Anfahrt B 299 bis Furth, in westlicher Richtung auf St 2049 herausfahren, nach circa drei Kilometern auf der rechten Seite | Öffnungszeiten Termine zu Gottesdiensten der Pfarrei Furth & Schatzhofen (dazu gehört auch Geberskirchen): pg-fonws.de – oder man wirft einen Blick in den aktuellen Pfarrbrief in der Pfarrkirche Sankt Sebastian in Furth (Am Rathaus 2) | Tipp Wenn man die Straße einen Kilometer weiter Richtung Westen fährt, kann man ein weiteres kleines, schmuckes Gebäude entdecken: ein entzückendes Feuerwehrhäuschen (Obermünchen 1, beim Ortsschild links auf der anderen Straßenseite).

26 Die Justitia

Göttin der Gerechtigkeit – ohne Augenbinde

An schönen und außergewöhnlichen Rathäusern mangelt es der Hallertau nicht, aber eine 400 Jahre alte Plastik der Justitia ist durchaus etwas Besonderes. Allgemein ist das Alte Rathaus außergewöhnlich. Archäologische Funde (Mauern und Fußböden) belegen, dass an dieser Stelle bereits im Mittelalter ein Gebäude gestanden hat. Im 15. Jahrhundert hatte das Geisenfelder Rathaus hier seinen Standort.

Das heutige Aussehen geht auf den Zeitraum um 1600 zurück. Mit Unterstützung des damaligen Bürgermeisters Dormayr ließen es die Einwohner errichten, denn finanziert wurde das Vorhaben sowohl vom Bürgermeister als auch von den Bürgern Geisenfelds. Vermutlich geschah dies in der Absicht, sich vom hiesigen Kloster zu emanzipieren und Unabhängigkeit zu demonstrieren. Ein solches Gebäude im Dreißigjährigen Krieg (1618–1648) fertigzustellen bedurfte Zuversicht und Mut.

Im Jahr 1626 war das Bauwerk durch Balthasar Stoll künstlerisch gestaltet und fertig gebaut worden. Auch wenn der Name des Bildhauers keinen allzu großen Bekanntheitsgrad genießt, hat er einige bemerkenswerte Werke hinterlassen. Bevor er nach Geisenfeld kam, arbeitete er in den Jahren 1612 bis 1613 am Chorgestühl der Franziskanerkirche in Ingolstadt.

Oberhalb der Justitia ist das kurfürstlich-bayerische Wappen zu sehen, darunter (oberhalb des Portals) das Wappen von Geisenfeld. Justitia, die Göttin der Gerechtigkeit, symbolisiert eine der vier Kardinaltugenden – neben Prudentia (Klugheit), Temperantia (Mäßigkeit) und Fortitudo (Stärke). Auf dem Alten Rathaus in Geisenfeld ist Justitia sitzend dargestellt, mit Schwert, Gesetzbuch und Waage – ohne Augenbinde, wie es ansonsten oft der Fall ist. Die Augenbinde soll die Gerechtigkeit untermauern, doch dürfte es Ansichtssache sein, ob es nicht vielmehr eines genaueren Hinsehens und der Individualität der Fälle bedarf, um Gerechtigkeit zu gewährleisten.

Adresse Rathausstraße 11, 85290 Geisenfeld | **ÖPNV** Buslinie 16, Haltestelle Stadtplatz | **Anfahrt** Auf der B 300 kommt man direkt zum Stadtplatz in Geisenfeld. | **Tipp** Die nahe gelegene Hopfen-Apotheke führt eine Kosmetik-Eigenmarke auf Hopfenbasis (Marienplatz 13).

27 Der Sinnesgarten

Eine charmante und gut durchdachte Mischung

Ein idyllischer Rückzugsort, mitten in der Stadt. Er liegt ein bisschen versteckt und fernab des Stadtplatzes. Wer diese Oase nicht kennt, kommt nicht unbedingt daran vorbei. Im Sinnesgarten kann man – so legt es ja schon der Name nahe – mit allen Sinnen genießen. Das Areal ist der ehemalige Klostergarten des Benediktinerinnenklosters Geisenfeld, das zwischen 1030 und 1037 gegründet wurde.

An einer Seite des Sinnesgartens verläuft ein Hochbeet mit Kräutern, die man nicht nur sehen, sondern natürlich auch riechen kann. Informativ sind die kleinen Erklärungstafeln zu den Kräutern. Es gibt mehrere Klanginstrumente, einen Sandkasten, Wippen, Freiluft-Schach mit 3,5 Metern pro Spielfeldseite sowie weitere kleinere und größere Dinge, die zum Entdecken einladen. Wer länger verweilen möchte: kein Problem. Es gibt nicht nur mehrere Bänke (für eine größere Gruppe auch einen riesigen Tisch mit Bänken), sondern auch Zwei-Personen-Liegen – zum Sonnen oder einfach nur für eine kurze Entspannungspause.

Realisiert wurde dieses Projekt in den Jahren 2001 bis 2002, durch die Stiftung des Münchener Ehepaars Willy Sebald Gigl und Josepha Gigl. Beide waren zeitlebens in der Gastronomie tätig. Willy Sebald Gigl hatte sich unter widrigen Umständen seinen Erfolg erarbeitet. Die Stiftung gründete er, um junge Menschen, die nicht über ausreichend Geldmittel verfügen, durch ein Gastronomie-Stipendium zu fördern. Der Sinnesgarten weicht somit vom sonstigen Schema der Förderung ab, was die Geisenfelder und Touristen freuen dürfte.

Nach dem Besuch hat man fast alle Sinne angeregt: Sehen, Hören, Riechen, Tasten. Einer fehlt noch: Schmecken. Das kann man am Ausgang (oder Eingang) bei »Edith's Wein + Sinne«. Der Laden bietet Wein, Süßigkeiten und Deko – aber auch die Möglichkeit, auf der Terrasse einen Cappuccino oder ein Glas Wein zu trinken. Ein schöner und perfekter Ausklang im Sinnesgarten.

Adresse Klosterhof 5, 85290 Geisenfeld | **ÖPNV** Buslinie 16, Haltestelle Stadtplatz | **Anfahrt** über die B 300 ins Zentrum von Geisenfeld, auf der Münchener Straße zweigt die Klostergasse ab und geht in Klosterhof über | **Öffnungszeiten** Sommer 8–20 Uhr, Winter 8–17 Uhr (Hunde nicht erlaubt) | **Tipp** Ein verschwundener Ort, aber es ist dennoch interessant zu sehen, wo ein Teil der Geschichte Geisenfelds architektonisch ausradiert wurde: An der Ecke Augsburger Straße und Fuchsbüchlerkellerstraße stand einst das 1407 erbaute Windener Tor und daneben der Bürgerturm mit Gefängnis.

28 Die alte Linde

Monumentaler Blickfang am Straßenrand

Als Schattenspender soll diese Winterlinde *(Tilia cordata)* nicht dienen, denn seit 2004 ist sie eingezäunt. Allgemein ist die Linde in gutem Zustand und wird regelmäßig gepflegt. Allerdings ist der Stamm hohl, was insofern problematisch ist, als sie dadurch nicht gänzlich gesund und deshalb gefährdet ist. Doch, so seltsam das klingt, man muss die Menschen auch vor der Linde schützen. Der Baum verliert manchmal Äste, und dadurch besteht Verletzungsgefahr. Außerdem weist ein Schild darauf hin, dass es sich bei ihm um wertvollen Lebensraum für Insekten handelt. Das macht nichts, denn aus der Distanz lässt sich die Pracht der denkmalgeschützten Linde ohnehin besser erfassen.

Was ihr Alter betrifft, sind sich die Fachleute nicht ganz einig. Etwa 400 Jahre soll sie alt sein, doch wurde sie auch schon wesentlich älter geschätzt. Ihre kräftigen Äste strecken sich nach allen Seiten aus, der Stammumfang hat ein stolzes Maß von gut neun Metern. Mit einer imposanten Höhe von 22 Metern ist die Baumkrone sogar von der Autobahn aus zu sehen. Tatsächlich kann ein Baum dieser Art sogar bis zu 30 Meter Höhe erreichen.

In der Mythologie spielte die Linde seit jeher eine bedeutende Rolle, schon bei den Germanen. So war die Linde Freya geweiht, der Göttin der Liebe und Fruchtbarkeit. In der Nibelungensage tötete Siegfried den Drachen unter einer Linde, doch ein Lindenblatt auf dem Rücken verhinderte seine Unverwundbarkeit und besiegelte sein Schicksal. Im Mittelalter traf sich die Dorfgemeinschaft unter der Linde, um Neuigkeiten zu verkünden oder Urteile zu fällen, aber auch um zu tanzen und zu musizieren.

Diese Baumart erhielt Beinamen wie Dorflinde, Kirchlinde, Tanzlinde oder Gerichtslinde. Zwischen Mensch und Linde gab es eine bedeutungsvolle Verbindung, weshalb sie auch als Symbol des Glücks galt. Vielleicht sind auch deshalb auf Spielkarten Lindenblätter abgebildet.

Adresse Kapellenweg (südöstlicher Teil), 85301 Schweitenkirchen | Anfahrt A 9, Ausfahrt Schweitenkirchen, auf der Holledaustraße östlich fahren, bei Ortsausgang Geisenhausen rechts Richtung Schweitenkirchen, nach circa 700 Metern auf der rechten Seite | Tipp Wenn man in Geisenhausen auf der Holledaustraße Richtung Osten fährt, kommt man nach Geroldshausen. Dort steht in schöner Natur die Kalvarienkapelle, wo man eine wunderbare Aussicht hat (von der Hauptstraße auf dem Kalvarienweg zur Kapelle gehen).

29 Die Holledaubrücke

Schnell errichtet, gesprengt und wiedererrichtet

Offiziell heißt sie »Talbrücke Holledau«, und weil das ein bisschen sperrig klingt, nennt man sie Holledaubrücke. Die wenigsten Autobahnfahrer, die auf diesem Abschnitt unterwegs sind, kennen das Aussehen der schönen Brücke. Und es sind viele Autos, die sie täglich passieren, da die Autobahn 9 nicht nur eine der ältesten, sondern auch eine der verkehrsreichsten Autobahnen Deutschlands ist. Mit einer Länge von 529 Kilometern beginnt sie in München und endet kurz vor Berlin. Die Holledaubrücke befindet sich am Ortsende von Geisenhausen, kurz vor Großarreshausen.

Das monumentale Bauwerk misst eine Höhe von 27 Metern und hat eine Gesamtlänge von 380 Metern. Es wird von 30 Pfeilern getragen und ist aus Granitplatten in verschiedenen Farben errichtet, was es umso ästhetischer macht. Man kann in der Mitte längs hindurchgehen (mit Unterbrechungen durch Fahrbahnüberquerung). Insgesamt verfügt die Holledaubrücke über 16 Bögen zu beiden Seiten, und da sich das Bauwerk strukturell in zwei Teile gliedert, einen pro Fahrbahnrichtung, könnte man sagen, dass sie 32 Bögen hat.

Entworfen wurde die Brücke vom Architekten Georg Gsaenger. Im Sommer 1937 begannen die Bauarbeiten. Im Eiltempo, denn bereits 1938 wurde sie einspurig, Richtung München, und ein Jahr später zweispurig befahren. Am 28. April 1945, zehn Tage vor Kriegsende, wurden drei Pfeiler gesprengt, um das Eindringen der Amerikaner zu verhindern, was jedoch misslang. In der Folge entstand an dieser Stelle 1946 eine Behelfsbrücke. Komplett wiederhergestellt wurde sie 1949, was bedeutet, dass sie innerhalb von elf Jahren zweimal vollendet wurde. Seit 1973 steht das Bauwerk unter Denkmalschutz. Seitdem sind mehrere Veränderungen vorgenommen worden. Unter anderem wurde die Brücke 1978 um drei Meter verbreitert, zwecks Ausbau auf sechs Fahrbahnen. Während des Ausbaus wurde die innere Lücke geschlossen.

Adresse Holledaustraße, 85301 Schweitenkirchen | Anfahrt auf der A 9 Richtung München die Ausfahrt zum Rasthaus Holledau nehmen, Straße hinunterfahren, dann rechts auf den Parkplatz direkt an der Brücke | Tipp Wenige Minuten zu Fuß entfernt befindet sich das Rasthaus Holledau. 1938 eröffnet, ist es die älteste noch existierende Raststätte Deutschlands (vom Parkplatz – mit Blick zur Brücke auf der linken Seite – den Weg zwischen Parkplatz und Brücke nehmen).

30 Die Eiche im Golfpark

Majestätische Zierde und eine besondere Baumart

Das Alter der Eiche wird auf 180 bis 250 Jahre geschätzt. Heute ziert sie den Eingangsbereich des Golfparks Gerolsbach, wo sie auf einer Anhöhe thront und dadurch noch imposanter wirkt. Wer gern Golf spielt oder an einem Schnupperkurs teilnehmen möchte, findet eine idyllische Parkanlage vor. Im Restaurant Stegerhof (ehemals Scheune und Stall) kann man bei schönem Wetter auf der Terrasse sitzen, auch wenn man nicht Golf spielt.

Seit 1982 ist der 20 Meter hohe Baum eingetragenes Naturdenkmal. Es handelt sich um eine Stieleiche, die auch als »Deutsche Eiche« bezeichnet wird. Sie ist in sehr gutem Zustand und beinahe vollständig erhalten. Der Kronendurchmesser beträgt circa 30 Meter, der Stammumfang misst an der breitesten Stelle über sechs Meter. Diese Baumart ist in ganz Europa verbreitet, dennoch ist sie des Deutschen liebster Baum. Wirtshäuser und Gasthöfe sind bis heute nach ihr benannt.

Für Nagetiere und Wild sind die Eicheln eine wichtige Nahrungsquelle, und für Insekten und Vögel bietet eine Eiche wichtigen Lebensraum. Das Holz ist von hoher Qualität, weshalb es für den Schiffsbau verwendet wurde. Bis heute werden daraus Fässer zur Lagerung von Wein und Whisky gefertigt – nicht zuletzt, weil es sich positiv auf den Geschmack auswirkt.

Die Eiche symbolisiert Ausdauer und Kraft. Auch die Nazis bedienten sich des Symbols und ließen den Reichsadler mit einem Hakenkreuz im Inneren des Eichenkranzes abbilden. Auf Geldmünzen sind Eiche und Eichenzweig seit Langem präsent, bereits in der Kaiserzeit und der Weimarer Republik. Auf der 50-Pfennig-Münze (1950–2001) hatte der Künstler Richard Martin Werner seine schwangere Frau abgebildet, die einen Eichenschössling in die Erde pflanzt – als Symbol für den Neuanfang nach dem Zweiten Weltkrieg. Auf den Münzen von einem bis zehn Pfennige war je ein Eichenzweig abgebildet, so wie heute auf den Ein-, Zwei- und Fünf-Cent-Münzen.

Adresse Golfpark Gerolsbach, Hof 1, 85302 Gerolsbach, golfpark-gerolsbach.com | **Anfahrt** B 300 bis Schrobenhausen oder B 13 bis Pfaffenhofen, aus beiden Orten führt die St 2045 nach Gerolsbach. Auf der Münchener Straße südlich aus dem Ort fahren, nach circa 1,5 Kilometern ist auf der rechten Seite die Einfahrt zum Golfpark. Geht man vom Parkplatz weiter Richtung Anlage, sieht man auf der linken Seite die Eiche. | **Tipp** Wenn man von der Golfanlage wieder auf die Straße fährt und ihr Richtung Süden folgt, ist man in wenigen Minuten in Jetzendorf. Der Waldkletterpark und eine Minigolfanlage machen einen Besuch lohnenswert (waldkletterpark-oberbayern.de, Am Waldkletterpark 1).

31 Der Goldschmied

Schmuckstücke rund um den Hopfen

Für diejenigen, die nicht in der Hallertau aufgewachsen sind, ist der Hopfen nur eine Bierzutat. Aber für die hiesigen Bewohner symbolisiert die Pflanze ihre Heimat, das Zugehörigkeitsgefühl zu ihrer Region. Die Liebe zur Heimat war es auch, die Christian Köhler zum »Hopfen-Goldschmied« werden ließ. In Gosseltshausen, am nordwestlichen Stadtrand von Wolnzach, wohnt und arbeitet er seit vielen Jahren. Hauptberuflich ist er Werklehrer an einer Realschule. Die Leidenschaft fürs Goldschmieden entdeckte er während des Studiums in den 1980er Jahren. Teil des Studienplans waren verschiedene Materialbereiche, unter anderem das Arbeiten mit Holz, Kunststoff und Metall. Zum Thema Metall gehörte der Teilbereich Goldschmiedekunst. Sie entwickelte sich zu seinem Hobby, doch mit der Zeit wurden die Stücke immer mehr und immer professioneller.

Seit 2009 gibt es den Verkaufsraum im Haus, das er mit seiner Familie bewohnt. Die Werkstatt befindet sich ebenfalls dort. Auch wenn Christian Köhler einen Onlineshop hat, kommen die Kunden lieber erst einmal persönlich vorbei, um sich den handgefertigten Silberschmuck anzusehen. Zur Auswahl stehen sowohl die ursprünglichen Silberstücke als auch patinierte, die nach der Bearbeitung dunkler und älter aussehen. Die Kundschaft ist bunt gemischt und reicht von sehr jungen bis zu betagten Frauen und Männern.

Erstaunlich, wie umfassend das Angebot in dem kleinen Verkaufsraum ist. Die Kreativität des Goldschmieds ist enorm, dennoch erklärt er bescheiden: »Die Kundschaft bringt ja auch Ideen mit ein, und die eine oder andere Inspiration habe ich durch Auftragsarbeiten bekommen.« Die Hallertau und der Hopfen sind seine Motive. Für Ketten und Anhänger, Hopfensiegel als Schmuckstück, Armbänder, Ringe, Broschen, Charivari (Schmuckketten für Lederhosen und Dirndl), Manschettenknöpfe, Gürtelschließen … und einiges mehr.

Adresse Hubensteinerstraße 4, 85283 Gosseltshausen, hopfenschmuck.de | ÖPNV Buslinie 9201, Haltestelle Gosseltshausen Abzw. Kirche | Anfahrt A 93 bis Wolnzach, im Zentrum links in Schloßstraße, dann rechts in Wendenstraße, nach circa 600 Metern rechts nach Gosseltshausen, beim Ortseingang erste Straße rechts | Öffnungszeiten nach Vereinbarung per E-Mail: koehler@hopfenschmuck.de oder Mo–Sa Tel. 0151/57002808 (werktags ab 14 Uhr) | Tipp In der Nähe ist der Startpunkt des Hallertauer Hopfenlehrpfads, eine vier Kilometer lange und lehrreiche Spazierstrecke mit 26 Infotafeln (Parkplatz und Startpunkt: Edenthal, gegenüber der Abzweigung Josef-Aichbichler-Straße).

32 Der Gurgelabschneiderweg

Unheimliche Geschichten im Haidforst

Wer einen Waldspaziergang »mit Kick« sucht, ist im Haidforst genau richtig. Es ist ja nicht so, dass der Mensch immer vollkommen rational an die Dinge herangehen würde. Der Haidforst ist ein ganz normaler Wald – nur sollen sich dort in vergangenen Zeiten schreckliche Dinge abgespielt haben. Wie viel davon in die Kategorie »True Crime« gehört und wie viel frei erfunden ist, wird sich nicht mehr aufklären lassen. Allerdings sind in der Gegend um den Haidforst tatsächlich Morde und andere Verbrechen passiert.

Die Andachtsstätte Hinterkaifeck befindet sich ganz in der Nähe. In den 1920er Jahren wurden auf dem Areal (der ehemalige Hof wurde abgerissen) drei Generationen einer Familie und eine Magd ermordet. Bis heute beschäftigen sich Beamte und Hobbydetektive mit dem nie aufgeklärten Fall dieser inzestuösen und seltsamen Familie. Nun ja, auch der Gurgelabschneiderweg hat seinen Namen nicht einfach so erhalten – die Mystik und der Grusel tragen dann doch mindestens ein Körnchen Wahrheit in sich. Frei nach dem Motto: Wo Rauch ist, ist auch Feuer. Jede Menge »Gesindel«, wie man früher sagte, trieb sich herum. So wurden verarmte und herumziehende Menschen ohne Broterwerb bezeichnet, die in keiner Weise gefährlich waren, aber manchmal stehlen mussten, um nicht zu verhungern. Dann gab es auch viele Pferdediebe, obwohl man damals dafür gehenkt wurde. Im Haidforst geschahen Morde und Überfälle, aber auch mehrere tödliche Unfälle von Waldarbeitern, weshalb man im Wald auf Marterl stößt, die an diese Geschehnisse erinnern.

Wer geradeaus auf dem Gurgelabschneiderweg weitergehen möchte, muss durch eine Art blättrigen Tunnel hindurch. Macht nichts, ein bisschen etwas vom Haidforst-Image mitzubekommen. Schließlich ist er nicht irgendein Wald – auch wenn die düsteren Geschichten der Vergangenheit angehören und heute nichts mehr zu befürchten ist.

Adresse Parkmöglichkeit und Startpunkt: Brunnener Straße, 86579 Waidhofen, der Gurgelabschneiderweg gehört zur Gemeinde 86564 Brunnen | Anfahrt B 300 bis Waidhofen, auf der Gröbener Straße Richtung Norden und zwei Kilometer geradeaus, im Ort rechts, um auf der Brunnener Straße zu bleiben. Es führen zwei Wege nach rechts Richtung Wald – bei der zweiten Möglichkeit (wo die Sitzbank ist) parken und diesen Weg nehmen. Kommt man zum Wald, geht es geradeaus oder leicht rechts – den Weg leicht rechts nehmen, geradeaus gehen (nicht den Weg nehmen, der gleich wieder rechts führt), und man gelangt zum Gurgelabschneiderweg. | Tipp Der Gasthof Bogenrieder in Waidhofen ist eine empfehlenswerte Adresse zum Übernachten oder zur Einkehr, mit Biergarten und Wintergarten (gasthof-bogenrieder.de, Ringstraße 5).

33 Das historische Dorf

Nichts zu sehen, aber gut zu wissen

Was für ein bescheidenes Dörfchen Gründl doch ist. Während auf der Welt großflächig über die historische Bedeutung eines Orts informiert wird, deutet in Gründl nichts darauf hin, dass hier bedeutende Hallertauer Geschichte geschrieben wurde.

Gründl besteht aus mehreren kleinen bis winzigen Siedlungen, und ein neuer Postbote könnte sich mit der chaotischen Hausnummernverteilung schwertun. Ein Fun Fact, widerspricht er doch gänzlich dem Klischee der deutschen Ordnungsliebe. Und während größere Dörfer froh sein können, wenn ein paar Mal pro Woche ein Bus am Horizont auftaucht, sind es vier Buslinien, die mehrmals täglich durch Gründl fahren. Einst war der Ort auch Haltestelle auf der Bahnstrecke von Langenbach nach Enzelhausen.

Nein, zu sehen gibt es hier nichts. Ein kurzer Zwischenstopp lohnt nur wegen der Rohmilch-Tankstelle des »Buama Hof« mit seinem Angebot regionaler Lebensmittel. Wer die Hallertau erkunden will, sollte beim Durchfahren dennoch wissen, dass Gründl ein interessantes Geschichtshäppchen Hallertau ist. Hier liegt nämlich der Ursprung des Hopfenanbaus, das heißt: Für das Jahr 860 ist er erstmals urkundlich belegt. Angebaut wurde Hopfen nicht erst in Gründl. Geisenfeld behauptet, die Wiege des Hallertauer Hopfenanbaus zu sein, und nennt das Jahr 736. Möglich ist das natürlich, nur lässt es sich nicht beweisen.

In einer Urkunde zwischen dem Freisinger Bischof und einem Edelmann namens Cundhart wird der Grundstückstausch schriftlich festgehalten. Bei diesem Tausch erhielt der Bischof mehrere Wiesen und 13 Morgen Land. Ein Morgen wurde in seiner Größe regional unterschiedlich bemessen, entsprach aber im Allgemeinen der Größe, die ein Landwirt an einem Morgen pflügen konnte, grob gerechnet ein Viertel bis ein halber Hektar. Jedenfalls war unter anderem ein Hopfengarten darunter – in Crintila, dem heutigen Gründl.

Adresse Gründl, 85405 Nandlstadt | ÖPNV Buslinien 602, 603, 682, 683, Haltestelle Gründl | Anfahrt B 301 bis Au oder Attenkirchen, den Wegweisern nach Nandlstadt folgen, von dort in südlicher Richtung auf der Freisinger Straße herausfahren und 1,5 Kilometer geradeaus | Tipp Mit der Buslinie 602 kann man hervorragend ein Hallertauer »Sightseeing« machen. Die Strecke verbindet Freising und Mainburg, fährt durch Städtchen, Dörfer und Weiler, auch Gründl, mitten durch die schöne Landschaft. Die Linie 602 hat 42 Haltestellen und verkehrt am Wochenende fast stündlich, sodass man ein- und aussteigen kann (Fahrzeiten und Streckenverlauf: fahrplan-bus-bahn.de/bayern/freising/bus_linie_bus_602#).

34 Der Namensgeber

Ein Waldstück namens Hallertau und die Holledauer

Wie heißt die Region denn nun – Hallertau oder Holledau? Für Außenstehende verwirrend, da sie offenbar Hallertau heißt, einem aber auch häufig die Bezeichnung Holledau begegnet: das Autobahndreieck, gastronomische Betriebe, Bühnenstücke und Lieder – allen voran die Hymne der Region: »Mia san Holledauer«. Die Alteingesessenen bezeichnen sich in der Regel als Holledauer, seltener als Hallertauer. Ihre Region nannten die meisten früher Holledau, mittlerweile aber oft Hallertau. Offiziell heißt es Hallertau, in Mundart Holledau.

Zwischen Hirschbach im Süden und Holzhausen im Norden befindet sich bis heute ein Mischwald, auf den die Namensgebung wahrscheinlich zurückgeht. Seit dem 14. Jahrhundert hat der Name immer wieder variiert und sich verändert. Wer sich alte Landkarten oder Texte ansieht, stößt auf die Bezeichnungen Halberthaw, Halberthau und Hallerthaw oder Hallertaw. Im Laufe der Zeit wurde daraus Hollerdau, Hollertau, Halledau – und Holledau.

Hallertau ist eine Zusammensetzung aus verschiedenen Worten und Bedeutungen, die sich daraus erklären, dass die Gegend einst eine schwer zugängliche und abgeschottete Region war, ein wildes Wald- und Sumpfgebiet. Hall kommt vom Wort »helan«, das verhehlen / verbergen bedeutet. Hart beziehungsweise Hardt ist ein bewaldeter Hang, Au heißt bekanntlich wasserreiches Gelände in Wiese oder Wald.

Ende des 15. Jahrhunderts wird »Hallertau« zum ersten Mal urkundlich erwähnt. Während der nächsten Jahrhunderte wird der Name dann allmählich für die gesamte Region verwendet, in der Hopfen angebaut wird. Ganz offiziell wird es dann 1926, als »Au bei Freising« in »Au in der Hallertau« umbenannt wird. Und trotzdem: »Holledau« konnte überleben, und das ist gut so. Es mag Geschmackssache sein, aber Holledau klingt irgendwie poetischer. In einem bayerischen Satz geht es einfach flüssiger weg, wenn man sagt: »Mia in da Holledau …«

Adresse Hirschbach (nördlich des Orts), 85414 Kirchdorf an der Amper | Anfahrt A 9, Ausfahrt Allershausen, auf die Ampertalstraße und der Straße folgen, in Kirchdorf links in die Hirschbachstraße, durch Hirschbach fahren, kurz dahinter findet sich auf der rechten Seite das Waldstück | Tipp Wenn man aus Hirschbach (20 Meter südlich des Brunnens) circa einen Kilometer in westliche Richtung geht und dann links, sieht man nach 150 Metern einen kleinen Rastplatz, mit einer Bank und einem Baum, an dem eine Schaukel befestigt ist.

35 Das Gedenkmarterl

Eines von vielen Schicksalen

In Städten hat man kaum die Möglichkeit, für einen Verstorbenen einen Ort des Gedenkens zu schaffen. Zwar gibt es in München gefährliche Kreuzungen, die Todesopfer gefordert haben, doch erinnert an diesen Stellen in der Regel nichts an die Unfalltoten – was auch nicht realisierbar wäre, sonst würde in den Städten eine Überpräsenz an Gedenksymbolen herrschen.

Anders verhält es sich auf dem Land. Kleine Gedenkstätten am Straßenrand werden von den Behörden geduldet. Angehörige stellen ein Kreuz auf, legen Blumen nieder und zünden Kerzen an. Für sie ist dieser Ort so wichtig wie das Grab am Friedhof. Die Trauer (besonders von Eltern) ist unermesslich, und die kleinen Denkmäler spenden einen gewissen Trost. Meist handelt es sich um junge Menschen, die durch einen Unfall aus dem Leben gerissen wurden. Die Denkmäler dienen auch der Mahnung, wobei dahingestellt bleibt, wie viele Fahrer deshalb achtsamer unterwegs sind. Wenn der verantwortliche Fahrer der zu Tode gekommenen Insassen überlebt hat und aus der Gegend nicht fortgezogen ist, werden er und seine Familie ihr Leben lang daran erinnert und die Schuldgefühle aufrechterhalten (was manchmal auch beabsichtigt ist).

Das Marterl bei Hög steht im Wald und erzählt eine andere Geschichte – wobei es sich hier ebenfalls um einen Unfall handelt. Auf dem Marterl steht zu lesen: »Schreckliches Lebensende. An dieser Stelle verunglückte am 3. Juli 1919 nachm. 4 h Frau Magdalena Weiß, Kaufmannsgattin in Reichertshofen im 48. Lebensj. Gott gebe ihr die ewige Ruhe!«

Die unglückliche Frau war unter der Ladung eines Holzfuhrwerks begraben worden und verstarb noch an der Unfallstelle. Auch wenn es heute niemanden mehr gibt, der sie persönlich kannte, weiß man doch, was sich an dieser Stelle ereignet hat. Das originale Marterl wurde 1919 aufgestellt, war aber in einem so schlechten Zustand, dass es 1987 ersetzt werden musste.

Adresse Feilenforst, Zugang nördlich des Orts Hög, 85084 Reichertshofen | **Anfahrt** auf der B 300 an Hög in nordöstlicher Richtung vorbei, nach circa 800 Metern gibt es auf der rechten Seite eine Parkmöglichkeit (mit Bank, Tisch und einem blauen Kreuz), zu Fuß die Bundesstraße überqueren und in den Wald, nach circa 100 Metern an der Gabelung rechts und etwa fünf Minuten geradeaus, auf der linken Seite | **Tipp** In Hög kann man im traditionsreichen und gemütlichen Gasthaus Söltl einkehren (gasthaus-söltl.de, Forststraße 26).

36 Das Markttor

Ein kleiner, kostbarer Rest

Im Jahr 1807 wurde die fast 800 Meter lange Ringmauer versteigert. Leider ist sie einige Jahre später abgebrochen worden, ebenso zwei von ehemals drei Toren. Verblieben ist nur das obere Tor, das Markttor, auch Spitaltor genannt. Es war ebenfalls zunächst verkauft worden, allerdings konnte die Stadt es später zurückerwerben. Der Verkauf ist aufgrund der damaligen Situation verständlich. Anfang des 19. Jahrhunderts waren die meisten Menschen arm und hatten kaum medizinische Versorgung. Hinzu kommt, dass man heutzutage Altes in Innenstädten und Museen bestaunt, die Menschen früher aber keine Affinität zum Alten hatten. Man war vielmehr auf Fortschritt fokussiert und empfand das Vergangene als wertlos. Sehr schade ist, dass im Torbogen des Markttors einst zwei sakrale Freskengemälde aus dem 15. Jahrhundert zu sehen waren – die 1906 übermalt wurden. O Graus! Aus heutiger Sicht mag das schwer zu verstehen sein, aber Haltungen sind nun einmal auch dem Zeitgeist unterworfen.

Im Jahr 1531 war (angeschlossen an das Markttor) ein Siechenhaus errichtet worden. Für todkranke Menschen, die an Lepra oder der Pest erkrankten, war eine solche Einrichtung zur Isolierung und als Sterbestätte gedacht. Heute ist das Alte Spital eine Akademie, die Ausbildungen und Seminare zu gesundheitlichen Themen anbietet.

Hohenwart ist schon ein ganz besonderes Städtchen. Bei einem Spaziergang durch den Stadtkern kann man die alte Geschichte des Orts nicht nur erahnen, sondern auch erkennen. Einige der alten Gebäude werden restauriert, einige Häuser verfallen – was dem Flair der Innenstadt jedoch keinen Abbruch tut. Ganz im Gegenteil eigentlich, denn auch diese Gebäude geben dem Ganzen eine besondere Atmosphäre. Wer Hohenwart noch nie besucht hat, sollte das unbedingt nachholen, solange es die alten Gebäude noch im Originalzustand gibt und die Stadt sich noch nicht gänzlich herausgeputzt hat.

Adresse Ecke Kirchstraße / Kapellenstraße, 86558 Hohenwart | ÖPNV Buslinie 9153, Haltestelle Hohenwart Marktplatz | Anfahrt B 300 oder B 13, in Hohenwart Richtung Norden und Kirche | Tipp Nur wenige Schritte entfernt beginnt der »Altbaierische Oxenweg«, ein ehemaliger Handelsweg, heute ein Wander- und Radweg. Die Tour führt durch das Paartal und das Schrobenhausener Land (Infos: schrobenhausen.de/wandern-radfahren).

37 Die Töpferei

Eine Handwerkskunst mit Stil und Qualität

Im Tonladen von Stefan Motzke gibt es Handwerkskunst vom Feinsten, Gebrauchsgegenstände und Deko für Haus und Garten: Schüsseln, Essgeschirr, Vasen und Blumentöpfe, Zwiebeltöpfe und Butterdosen, Tassen und Teelichter … Die Kundschaft hat eine bemerkenswerte Auswahl vor sich. Man kann aber auch einen speziellen Wunsch in Auftrag geben. Das macht auch die Gemeinde, wenn sie bei besonderen Anlässen Vasen oder Teller bei Stefan Motzke bestellt, etwa mit dem Wappen von Hohenwart.

Seine Kindheit und Jugend verbrachte der freischaffende Künstler in Großmehring bei Ingolstadt. Er schloss eine Lehre als Werkzeugmacher ab, leistete seinen Zivildienst und entdeckte während dieser Zeit seine Passion für das Formen von Ton. Zeitweise lebte er in Portugal und der Toskana, wo er regelmäßig bei der Olivenernte half und sich in seiner Handwerkskunst weiterbildete. »Das war eine tolle Zeit, und ich habe viel gelernt«, sagt der Künstler. Zurück in Deutschland, jobbte er als Bierfahrer und Landschaftsgärtner, machte eine Lehre als Keramiker.

In Hohenwart lebt Stefan Motzke seit 1995, mit seiner Frau und zwei Kindern. Die Werkstatt, ein ehemaliger Kuhstall, entstand zwei Jahre später. Einige Quadratmeter zusätzlich hat der Töpfer an die Werkstatt angebaut, einen sogenannten Brennraum, wo in der Mitte der Keramikofen steht. Das Porzellan wird ab 1.300 Grad gebrannt, Steinzeug bei 1.200 bis 1.300, Steingut bei 1.000 bis 1.150 Grad Celsius. »Der Unterschied liegt in der Härte«, erklärt Motzke. »Je niedriger die Temperatur, desto poröser wird das Material. Ton wird dichter, je höher man brennt.« Es ist eine uralte Zunft, die im Gegensatz zu vielen anderen Berufen nicht ausgestorben ist. Vielmehr ist Geschirr aus handgefertigtem Ton gefragt wie lange nicht mehr. Im Tonladen bekommt man kompetente und freundliche Beratung, vom passionierten Handwerkskünstler persönlich.

Adresse Tonladen, Kapellenstraße 12, 86558 Hohenwart | ÖPNV Buslinie 9153, Haltestelle Hohenwart Marktplatz | Anfahrt B 300 oder B 13, in Hohenwart Richtung Norden und Kirche fahren | Öffnungszeiten nach Vereinbarung: Tel. 08443/8457 | Tipp Nördlich von Hohenwart befindet sich das Blaue Feldkreuz, ungewöhnlich und sehenswert (Kapellenstraße Richtung Osten bis zum Ende gehen, links in die Neuburger Straße, nach 400 Metern rechts, nach circa 250 Metern auf der linken Seite).

38 Das Heimatmuseum

Eine ursprüngliche und authentische Sammlung

Den Grundstein legte 1961 ein Dorfschullehrer namens Braun aus Margarethenried, das etwa 1,5 Kilometer nördlich von Hörgertshausen liegt. Aufgrund des ehrenamtlichen Engagements von Alfred Wörner, ebenfalls Lehrer an jener Schule, entstand das heutige Heimatmuseum. Nicht zuletzt waren es auch die Kinder, die mit Begeisterung und Eifer die Bewohner motivierten, ihre Gegenstände – oder die ihrer Vorfahren – zur Verfügung zu stellen. Die ersten Ausstellungsstücke wurden in einem Raum der Schule untergebracht, und in rascher Folge wuchs die Anzahl. Die Schule in Margarethenried wurde 1969 aufgelöst, und so kam natürlich die Frage auf: Wohin mit den Exponaten? Hörgertshausen stellte einen Raum in der Schule zur Verfügung, seit 2005 ist das Heimatmuseum in den Räumen der ehemaligen Raiffeisenbank untergebracht.

Auf mehreren Ebenen sind mittlerweile über 2.000 Ausstellungsstücke zusammengekommen. Das Besondere an diesem Ort ist seine Authentizität. Die Exponate stammen zum größten Teil aus der Umgebung von Hörgertshausen und Margarethenried. Es gibt Schilder mit Infos, doch kann Museumsführer Rudi Brandl so einiges zu den jeweiligen Exponaten erzählen. Viele Ausstellungsstücke kann er den einstigen Besitzern zuordnen und kennt ihre Kinder oder Enkel. Man erfährt viel über die Geschichte der Gegend und das Leben und Arbeiten der früheren Generationen.

In den Museumsräumen ist zu sehen, was die Menschen für Haushalt, Werkstatt und Landwirtschaft brauchten; oder wie sie lebten – in den original nachgebauten Schlaf- und Wohnstuben. Neben zahlreichen anderen Dingen sieht man einen Webstuhl oder eine Windfege – eine Maschine, die die Spreu vom Weizen trennt. Interessant sind aber auch Exponate, die man so vielleicht nicht erwartet, darunter eine ausgediente alte Kirchentür oder Fundstücke von Tierknochen aus dem Mittelalter.

Adresse St. Albaner Straße 2, 85413 Hörgertshausen | ÖPNV Buslinie 683, Haltestelle Hörgertshausen Rathaus | Anfahrt A 92, Ausfahrt Moosburg-Süd und über Mauern nach Hörgertshausen, auf der Mainburger Straße am Rathaus vorbei und die nächste links abbiegen | Öffnungszeiten nach Vereinbarung mit Herrn Brandl: Tel. 08764/8502 oder 0160/1435956 (zwei Tage vorher anrufen) | Tipp Die Metzgerei Lutz bietet täglich wechselnde Gerichte an. Im Eingangsbereich der ehemaligen Schule findet sich eine Art Mini-Museum: Die drei antiquarischen Maschinen hat Familie Lutz einst für die Wurstproduktion verwendet (Mo–Fr 6.20–13 Uhr, Di, Do und Fr 15–18 Uhr, Sa 6.20–12 Uhr, Moosburger Straße 6).

39 Die Buckelpiste

Wie man aus der Not eine Tugend macht

Mitte 2020 ging dieser Radweg für kurze Zeit durch die Medien. Es regnete Spott und Häme. Sogar in die Rubrik »Der reale Irrsinn« der Satiresendung »extra 3« hat es dieser Abschnitt des Radwegs geschafft. Mittlerweile ist Gras über die Sache gewachsen, und seitdem findet er kaum noch Erwähnung. Nur noch bei einigen genervten Radfahrern und Einheimischen, die keine Fans geworden sind. Der Radweg ist zwei Kilometer lang, wovon 500 Meter hügelig sind.

Entstanden ist der bucklige Radweg durch einen Planungsfehler. Leider ist das zu spät aufgefallen. Den Landwirten musste ermöglicht werden, mit ihrem Traktor von der Straße auf die Felder zu kommen. Der Radweg dazwischen sollte also insgesamt nicht viel niedriger liegen als die Straße. Ihn komplett aufzuschütten sei aber problematisch, da es sich um ein Überschwemmungsgebiet handelt. Wollte man dies tun, müsste man die aufgeschütteten Flächen anderenorts ausgleichen und dafür sorgen, dass bei Überschwemmungsgefahr das Wasser abfließen kann. Allerdings hätte das noch mehr Kosten verursacht. Eine Lösung musste her. Resultat: lustige Buckelpiste für Radfahrer.

Die 3,3 Millionen Euro wurden nicht nur in den neuen Fahrradweg gesteckt, sondern auch zur Sanierung von Straßen und Brücken verwendet, äußerte sich ein Mitglied des Gemeinderats in einem Interview. Letztendlich wurde eine Menge an Steuergeldern versenkt, was man nicht schönreden kann, und bis heute empfindet so mancher Einheimische diesen Abschnitt des Fahrradwegs als schlechten Witz.

Aber vielleicht sollte man einfach das Beste daraus machen. Immerhin gibt es viele Leute, die gern über den wellenförmigen Abschnitt fahren und die Buckelpiste total cool finden. Ja, und »einzigartig« ist sie obendrein – ein Adjektiv, mit dem anderswo selbstbewusst eine Werbekampagne gestartet wird. Nicht für jeden ist die Buckelpiste leicht zu fahren, aber es ist ja nur ein kurzer Abschnitt, den man bewältigen muss. Danach geht es weiter über einen Allerweltsradweg.

Adresse nördlich der Straße An der Amperbrücke (zwischen Supermarkt und Amperbrücke), 85414 Kirchdorf an der Amper | ÖPNV Buslinie 601, Haltestelle Kirchdorf an der Amper Rathaus | Anfahrt A 9 bis Schweitenkirchen, auf der Hans-Eisenmann-Straße Richtung Süden, in Kirchdorf die Sternstraße bis zum Ende fahren und links in die Hauptstraße abbiegen, an der Straße Im Gries vorbei und die nächste rechts abbiegen | Tipp Im Getränkemarkt Steinberger finden sich neben altbekannten Biermarken auch Biere von Brauereien aus der Hallertau (Mo–Fr 8–12.30 und 14.30–18.30 und Sa 8–14 Uhr, Römerstraße 10).

40 Der Schlupfaltar

Man muss nur fest daran glauben

Die ehemalige Wallfahrtskirche ist der heiligen Korona (oder Corona) geweiht. Zwangsläufig denkt man an den gleichnamigen Virus. Der wurde bekanntlich mit dem aus dem Lateinischen stammenden Begriff benannt, weil er unter dem Mikroskop aussieht wie eine Krone oder ein Kranz. Interessanterweise ist die heilige Corona auch Schutzpatronin, die Seuchen fernhalten soll. Primär ist sie aber als Patronin der Metzger und Schatzgräber bekannt.

Errichtet wurde die Kirche während der zweiten Hälfte des 15. Jahrhunderts. Der Schlupfaltar entstand 1626 auf Initiative von Pfarrer Silber von Pfaffendorf. Im Dreißigjährigen Krieg wurde die Kirche geplündert und zerstört, dann errichtete man sie 1725 neu, im Stil des Barocks. Dabei wurde darauf geachtet, den Schlupfaltar dem neuen Bodenniveau anzupassen, um den Brauch des Hindurchkriechens weiterhin pflegen zu können. Dieses Ritual war bei den Wallfahrern sehr beliebt, auch bei den Hopfenzupfern, um während der Ernte keine Kreuzschmerzen zu bekommen. Wenn man mit einem eisernen Gürtel und eisernen Handschuhen durch die Öffnung des Altars krieche, werde man von Leid und Schmerz befreit, hieß es. Andere wiederum litten keine Schmerzen, sondern betrieben die Zeremonie zur Prävention.

In Bayern gibt es mehrere solcher Durchlässe, die bei »Kreuzweh« oder »Buckelweh« den Menschen geholfen haben sollen. Zum Beispiel der Steinsarg des heiligen Nonnosus in der Krypta des Freisinger Doms oder die Grabstätte des heiligen Otto in der Bamberger Sankt-Michaels-Kirche. In einem Brief an den bischöflichen Stuhl aus dem Jahr 1836 beschrieb Pfarrer Parzefahl von Pfaffendorf den Brauch um den Schlupfaltar in Koppenwall und brachte sein Missfallen zum Ausdruck. In den Predigten wurde der Brauch des Öfteren als »Unfug« kritisiert. Aber die Verehrung der Schutzpatronin und der unerschütterliche Glaube an die Heilkraft des Altars ließen die Menschen noch viele Jahre hindurchkriechen.

Adresse Wallfahrtskirche Sankt Korona, 84076 Pfeffenhausen | **Anfahrt** B 299 bis Pfeffenhausen, auf der Egglhauser Straße in südwestlicher Richtung vier Kilometer an der Großen Laaber entlang, beim Wegweiser Koppenwall rechts, nach circa 300 Metern am Ortseingang auf der linken Seite und südlich der Filialkirche Sankt Bartholomäus | **Öffnungszeiten** Sollte die Kirche nicht geöffnet sein, kann man sich telefonisch bei Familie Zettl melden: Tel. 08782/504. | **Tipp** Wer sich für die Jagd interessiert: Die Ausstellung im Jagdmuseum in Pfeffenhausen wurde von einem Privatmann zusammengestellt und kann nach telefonischer Voranmeldung (Rathaus) besichtigt werden: Tel. 08782/96000.

41 Der Kranzberger See

Eine Oase mit verschiedenen Möglichkeiten

Es ist ein idyllischer Ort, das Erholungsgebiet Kranzberger See im Ampertal. Dabei handelt es sich nicht um einen natürlichen See. Ausgehoben wurde er beim Kiesabbau Ende der 1930er Jahre. Der Rohstoff wurde zum Bau der Autobahn München–Nürnberg benötigt. Rund 30 Jahre später ist das Areal erweitert und verschönert worden. Wer den See entlang des Ufers umrunden möchte, kann das innerhalb von 20 bis 30 Minuten, je nach Tempo. Das Gewässer ist nicht besonders groß, etwas weniger als 17 Hektar. Die Tiefe beträgt durchschnittlich zwei Meter.

Die Farben des Sees und der Natur, in die er eingebettet ist, ergeben ein schönes Gesamtbild, das besonders im Herbst sehenswert ist. Im Sommer wird das Gebiet natürlich am meisten frequentiert und als Badesee genutzt. Grundsätzlich ist das Baden im Kranzberger See unbedenklich und die Wasserqualität in Ordnung. Anfang September 2019 wurde der See wegen Keimen eine Zeit lang gesperrt, allerdings ist das die Ausnahme, und das Ergebnis der entnommenen Wasserprobe lag nur knapp über dem Grenzwert.

Für einige Tierarten ist der Baggersee ihr Zuhause. Neben Fischen leben dort Frösche, Kröten und Vögel. Die süßen Enten sind zahlreich, so zahlreich, dass manch einer dies als unangenehm empfindet. Jeder Besucher muss für sich entscheiden, ob er diesen schönen See zum erholenden Spaziergang, für einen Zwischenstopp, zum Sport oder zum Baden nutzt.

Die Liegewiesen bieten in der Regel genügend Platz, um sich zu sonnen. Im nahe gelegenen Seehaus kann man bei schönem Wetter draußen im Biergarten sitzen. Zwischen April und Oktober gibt es sonntags und an Feiertagen Steckerlfisch (wetterabhängig). Kinder werden am Spielplatz ihre Freude haben, nicht zuletzt wegen des großen Piratenschiffs aus Holz, aber auch Schaukel, Wippe und Sandkasten sind vorhanden. Außerdem stehen eine Tischtennisplatte sowie ein Beachvolleyball-Platz zur Verfügung.

Adresse östlich der Unteren Dorfstraße, 85402 Kranzberg | ÖPNV Buslinien 616, 619, 695, Haltestelle Kranzberger See | Anfahrt A 9, Ausfahrt Allershausen, auf der Dorfstraße circa vier Kilometer Richtung Süden bis Kranzberger See | Tipp Das »Bronzezeit Bayern Museum« präsentiert Funde aus dem Ortsteil Bernstorf multimedial. Hobbyarchäologen haben dort in den 1990er Jahren Gold und Schriftzeichen entdeckt, die aus den Jahren 1600 bis 1300 vor Christus stammen. Anschaulich wird den Besuchern das Mitteleuropa vor 3.500 Jahren vermittelt (Do und So 14–17 Uhr, Pantaleonstraße 18).

42 Der alte Friedhof

Was vom ehemaligen Weiler übrig blieb

Der kleine alte Friedhof befindet sich südlich zwischen Oberhausen und der heutigen Siedlung Kreut. Das Areal, auf dem sich einst der Weiler befand, ist heute ein Naturschutzgebiet. Deshalb sollte der Hauptweg aus Rücksicht auf Flora und Fauna nicht verlassen werden. Das Gebiet umfasst eine Fläche von gut 180 Hektar und beherbergt seltene und bedrohte Tier- und Pflanzenarten. Vermutlich war das Areal bereits im 11. Jahrhundert besiedelt. Nachdem um 1830 Protestanten aus der Pfalz kamen und die Häuser und Höfe kauften, legten sie 1842 den Friedhof an.

Den Weiler gab es bis 1961, dann hatten die Bewohner das Gebiet verlassen müssen. Der Grund: Zwei Jahre zuvor hatte die Bundeswehr das Gelände bezogen und nutzte es als Übungsplatz, einschließlich einiger leer stehender Häuser. Die letzten Häuser wurden 1970 abgerissen. So ist das Einzige, was von den Kreutern geblieben ist, der Friedhof. Auf einigen der 27 Grabsteine lassen sich die Namen und Daten noch entziffern, bei den älteren sind die Buchstaben und Zahlen längst verblasst.

Abseits der Friedhofsmauer findet man das »Russengrab«, wie es von den Einheimischen genannt wurde. Auf der Tafel des Kreuzes steht auf Ukrainisch in kyrillischer Schrift: »Hier ruhen die Kämpfer für die Freiheit der Ukraine Hryhoriy Dubetskyy [und] Mykhailo Zhadan.« Darunter in Deutsch: »Hier ruhen in Gott Kämpfer der Ukraine.« Die beiden Männer waren vermutlich »Ostarbeiter«, die bei einer Bombardierung durch die Alliierten ums Leben kamen.

Im Jahr 1972 fand auf dem Friedhof die letzte Beisetzung statt. Dass der kleine protestantische Friedhof bis heute erhalten und in gutem Zustand ist, ist auf das Engagement von Gunter Weinrich zurückzuführen. Während seiner Zeit bei der Bundeswehr war er in Kreut, lebt nun seit vielen Jahren in dieser Gegend und kümmert sich mit einer Gruppe Freiwilliger regelmäßig um den alten Friedhof.

Adresse Kreut (südlich der Donauwörther Straße), 86697 Oberhausen an der Donau | **ÖPNV** Buslinie 9114, Haltestelle Kreut | **Anfahrt** Auf der B 16 (Donauwörther Straße) kommt man (etwa einen Kilometer östlich von Oberhausen und Richtung Neuburg) zu einer Gabelung, wo rechts ein kleiner Parkplatz ist. Parken und dem Weg rechts 200 Meter geradeaus folgen, der Friedhof liegt linker Hand. | **Tipp** Auf der anderen Seite der Donauwörther Straße ist der Startpunkt eines Wanderwegs, der zur Alten Burg führt. Historisches in schöner Natur, inklusive »Silbersee« und Einkehrmöglichkeit.

43 Das Café Kreuth

Auszeit in der Gartenidylle

Hoch lebe der Biergarten, aber es darf auch mal etwas anderes sein. Schließlich gibt es noch weitere Möglichkeiten für Speis und Trank. Wer in der Gegend um Au oder Mainburg unterwegs ist, dem sei ein Abstecher zum Café Kreuth empfohlen. Kilometerweit fahren, nur um etwas zu trinken? Nein, nicht nur. Der Besuch lohnt aus mehreren Gründen. Die Einöde Kreuth liegt abgelegen und malerisch auf einer Anhöhe und bietet einen wunderbaren Ausblick. Schon der Eingangsbereich zu Kreuth 1, der einzigen Hausnummer, ist einladend und geschmackvoll. Seit 1995 betreibt das Ehepaar Senger sein »Kreuth1«, das sich aus mehreren Angebotssegmenten zusammensetzt: Hannelore Senger ist für den Dekoladen (vom Eingang rechts) zuständig, in dem es jede Menge Accessoires zur Verschönerung des eigenen Heims gibt. Simon Senger ist für die Gartenplanung und Ausführung zuständig, zusammen mit anderen Profis, die mit ihm zusammenarbeiten.

Das Café Kreuth wiederum ist der gemeinsame Geschäftsbereich des Ehepaars. Während der kalten Jahreszeit sitzt man im Innenbereich und kann gemütlich frühstücken, brunchen oder köstlichen Kuchen genießen. Doch der zusätzliche Reiz des Cafés besteht in einem Besuch während der Frühlings- und Sommermonate, wenn man draußen sitzen kann, mit Blick auf die zum Verkauf stehenden Skulpturen und Brunnen. Es ist wie Kaffeetrinken in einer pompös und edel ausgestatteten Gartenanlage. Diese Atmosphäre ist schon einzigartig, und wenn man seinen Blick schweifen lässt oder einen Rundgang macht, entdeckt man einige originelle Gegenstände für Haus, Garten oder Wohnung. Zum Frühstücken oder Brunchen sollte man sich zwei Tage vorher anmelden. Die Auswahl reicht vom kleinen Frühstück über »Vital« bis »Holzfäller«. Wer nur nachmittags Zeit hat: Kuchen mit Kaffeeauswahl, alkoholfreiem Prosecco oder Mixgetränk mit selbigem ist auch keine schlechte Idee.

Adresse Kreuth 1, 84104 Rudelzhausen, kreuth1-shop.de/café-kreuth, Voranmeldung zum Frühstück: Tel. 08754/910451 oder per E-Mail: info@kreuth1-shop.de | **ÖPNV** Buslinien 603, 683, Haltestelle Bergmühle (plus 15 Minuten Fußweg) | **Anfahrt** B 301 bis Rudelzhausen, den Wegweisern nach Grünberg und Hebrontshausen folgen, bei Grünberg links und nach circa 300 Metern links in den Wald, geradeaus und nach etwa 800 Metern links | **Öffnungszeiten** Mo–Fr 9–18 Uhr, Sa 9–14 Uhr | **Tipp** Bei Grünberg verläuft der Abens-Radweg, der Freising und Bad Gögging verbindet. Eine empfehlenswerte Tour, um die Hallertau kennenzulernen (Streckenverlauf und Karte: tourismus-kreis-freising.de/touren/abens-radweg-c797614c75).

44 Der Dreifaltigkeitsplatz

Ein Ort mit bewegter Vergangenheit

Der Dreifaltigkeitsplatz hat etwas zu tun mit der Geschichte der Juden in Landshut. Diese reicht lange zurück, denn eine jüdische Gemeinde entstand vermutlich schon bald nach der Stadtgründung 1204. Juden wurden über einen langen Zeitraum als Geldleiher geduldet, doch Grundbesitz und Handel waren ihnen vielerorts untersagt. Ludwig IX. dem Reichen (1417–1479) ist hier ein Denkmal errichtet worden, skurrilerweise auf dem Platz, auf dem im Mittelalter eine Synagoge stand. Dieser Adlige hatte 1450 die Juden aus der Stadt vertrieben, was Ludwig den Reichen dann so richtig reich gemacht hat, da die Juden enteignet wurden und sämtliche Schulden der Adligen getilgt waren. Ludwig IX. war der Vater des Bräutigams Georg, der 1475 die polnische Königstochter Hedwig heiratete und deren Vermählung als Landshuter Hochzeit in die Geschichte der Stadt einging.

Heute gibt es in Landshut Gedenktafeln und Stolpersteine, die an die braune Vergangenheit erinnern. Bundesweit gibt es immer wieder Debatten über Straßen, die nach fragwürdigen Personen benannt sind. In Landshut ist der ehemalige Tippelweg (benannt nach Georg Tippel) in Franz-Seiff-Straße umbenannt worden. Der Nazi-Gegner wurde wenige Tage vor Kriegsende am Alten Viehmarkt gehenkt. Die Judengasse wurde im 15. Jahrhundert in Dreifaltigkeitsplatz umbenannt. Während des Nationalsozialismus hieß er Adolf-Hitler-Platz und danach wieder Dreifaltigkeitsplatz. Die Innere Münchener Straße, die im Süden an den Dreifaltigkeitsplatz anschließt, hieß zu jener Zeit Heinrich-Himmler-Straße. Himmler besuchte das hiesige Gymnasium und lebte mit seiner Familie am Dreifaltigkeitsplatz.

Nachdem die Juden 1450 vertrieben wurden, entstand aus der Synagoge die Salvatorkirche. Sie wurde erweitert, aber im Zuge der Säkularisation 1810 abgerissen. Ein Gedenkstein erinnert an die Synagoge, die Juden und ihre Vertreibung aus Landshut.

Adresse Dreifaltigkeitsplatz, 84028 Landshut | **ÖPNV** Stadtbuslinien 2 bis 7 ab Hauptbahnhof, Haltestelle Altstadt oder Neustadt | **Anfahrt** A 92, B 11, B 15 oder B 299, Richtung Zentrum fahren, von der Altstadt in südliche Richtung gehen, auf der linken Seite | **Tipp** Das Gebäude an der Ecke Altstadt/Theaterstraße, in dem sich heute eine Parfümerie befindet, war früher das »Kaufhaus Adolf Hirsch«, das derselbe bis 1938 fast vier Jahrzehnte führte. Adolf und seine Frau Cäcilie (die Tante der einst berühmten Schauspielerin Lilli Palmer) waren Wohltäter der Stadt. Ihre drei Kinder flüchteten nach London, doch die Eltern entschieden sich dagegen, weil sie sich Landshut verbunden fühlten. Cäcilie stürzte sich 1941 während einer Gestapo-Durchsuchung aus dem Fenster, Adolf starb 1943 im Konzentrationslager Theresienstadt. Vor dem ehemaligen Kaufhaus finden sich die Stolpersteine, die an das Ehepaar erinnern.

45__Der ehemalige Schlachthof

Grundlegende Wandlung eines Gebäudes und Stadtteils

Als das Gebäude 1906 fertiggestellt wurde, war diese Gegend noch dünn besiedelt, und die Straßen waren noch nicht asphaltiert. Der Schlachthof verhalf dem Nikolaviertel zu einem wirtschaftlichen Schub. Nach 90 Jahren wurde der Betrieb eingestellt. Während dieser Zeit hatte sich der Stadtteil sehr verändert. Vom Alten Schlachthof ist heute noch die Durchfahrtshalle übrig, die anderen Hallen wurden abgerissen. Nachdem das Gebäude saniert worden war, befand sich eine Markthalle darin, allerdings wenig erfolgreich und nur für ein Jahr. Ab 2010 stand die ehemalige Durchfahrtshalle dann leer.

Interessenten für die Nutzung gab es viele – und ebenso viele Ideen und Vorschläge. Gastronomie, Einzelhandel und Kultur waren im Gespräch. Dass in einem Teil des Alten Schlachthofs eine Spielothek eingerichtet werden sollte, war für so manchen eine grausige Vorstellung. Unglücklicherweise scheiterten einige interessante Angebote schlicht an den eingeschränkten Öffnungszeiten. Für abendliche Veranstaltungen oder Restaurants mit Abendgeschäft gab es keine Genehmigung. So verging die Zeit, die Interessenten kamen und gingen. Das schöne Gebäude drohte weiterhin leer zu stehen und irgendwann zu verfallen. Doch letztendlich gab es 2018 eine glückliche Fügung. Die italienische Lebensmittelkette »Via del Gusto« zog in den Alten Schlachthof ein. Es ist schon eine besondere Atmosphäre unter dem hohen, bogenförmigen Dach des Ziegelbaus.

Neben dem Schlachthof sieht man einen 45 Meter hohen Turm. In der Vergangenheit hatte er den einfachen Namen »Schlachthofturm«, sein neuer Name lautet »Weißer Turm«. Er wurde zeitgleich mit dem Schlachthof errichtet, damit die Arbeiter an einer der beiden Turmuhren die Zeit ablesen beziehungsweise ihren Schlag hören konnten. Heute ist der Turm ein Wahrzeichen des Nikolaviertels. Der Alte Schlachthof und der Turm stehen unter Denkmalschutz.

Adresse Stethaimerstraße 33 (Ecke Schlachthofstraße), 84034 Landshut | **ÖPNV** vom Hauptbahnhof mit den Linien 3, 6, 11 bis Kennedyplatz, umsteigen in Linie 12 bis Schlachthofstraße | **Anfahrt** A 92, B 11, B 15 oder B 299, nördlich der Altstadt und der Isar | **Öffnungszeiten** Via del Gusto Do–Fr 10–19 Uhr sowie Sa 10–16 Uhr | **Tipp** Es lohnt ein Blick auf die Wandmalereien des Künstlers Franz Högner. Auf dem 1934 errichteten Wohngebäude sind die vier Jahreszeiten abgebildet. Nach dem Zweiten Weltkrieg waren in diesem Gebäude amerikanische Soldaten und deutsche Flüchtlinge aus Osteuropa untergebracht (Stethaimerstraße 15–17).

46 Die Narrentreppe

Italienisches Kunstwerk über mehrere Etagen

Hoch über der Stadt thront die Burg Trausnitz. Wer Landshut besucht, kann sie gar nicht übersehen, und sie gehört zu den Sehenswürdigkeiten der Stadt. In der Burg gibt es zweifellos viel Sehenswertes, darunter eine Besonderheit samt geschichtlichem Hintergrund: die sogenannte Narrentreppe, mit gemalten Szenen aus der Commedia dell'arte – ein Stegreiftheater, das heute den Spielarten des Improvisationstheaters entspräche.

Entstanden ist die Commedia dell'arte im 16. Jahrhundert in Norditalien. Dabei ging es nicht um Moral, Wertevermittlung oder Heldenreise. Im Vordergrund standen Gestik, Akrobatik, Lieder und Dialoge, die mit Humor, Ironie und beißendem Spott aufgepeppt wurden. Der Handlungsstrang war grob vorgegeben, ansonsten lag alles bei den kreativen Akteuren. Ein wichtiges Element waren die Masken. Die Commedia dell'arte fand aufgrund ihres Erfolgs eine weite Verbreitung in ganz Europa. Diese besondere Kunstform prägte das Theater nachhaltig. Shakespeare ließ sich von ihren Figuren inspirieren, die er für sein Werk aufgriff. Die Pantomime, der französische Pierrot sowie die Slapstick-Komödien gehen auf die Commedia dell'arte zurück, ebenso der deutschsprachige »Hanswurst« und der »Kasperl« im Puppentheater.

Die Schauspieler zogen in Wandergruppen umher, die ihre kleinen Bühnen auf Jahrmärkten in Städten und Städtchen aufstellten. Nicht nur das gemeine Volk, das ursprünglich die Zielgruppe war, auch die Adligen waren bald begeistert von der Darbietung. So wie Erbprinz Wilhelm, der die Commedia dell'arte in der Burg Trausnitz verewigen ließ. Entworfen hat das Kunstwerk der deutsch-niederländische Maler Friedrich Sustris, realisiert wurde es zwischen 1575 bis 1579 vom italienischen Maler Alessandro Padovano (auch Paduano). Die Narrentreppe befindet sich im Südteil der Anlage und ist sowohl im Erdgeschoss als auch im ersten und zweiten Obergeschoss einsehbar.

Adresse Burg Trausnitz 168 (über die Edmund-Jörg-Straße), 84036 Landshut, burg-trausnitz.de | ÖPNV vom Hauptbahnhof Buslinie 6, Haltestelle Neustadt, oder Linien 2, 6, 9 bis Altstadt | Anfahrt A 92, B 11, B 15 oder B 299, Richtung Zentrum, von der Altstadt Richtung Süden und über Dreifaltigkeitsplatz, dann links in Alte Bergstraße, nach circa 70 Metern sieht man einen Wegweiser, bergauf zur Burg | Öffnungszeiten täglich, April–Sept. 9–18 Uhr, Okt.–März 10–16 Uhr, außer 1. Jan., Faschingsdienstag, 24., 25., 31. Dez. | Tipp Vor dem Aufstieg zur Burg sollte man einen Blick in die Theklakapelle werfen. Sie wurde 1426 spätgotisch errichtet und 1759 im Stil des Barocks umgestaltet. Dort befindet sich die älteste Orgel Landshuts aus dem Jahr 1759.

47 Die Polizeiinspektion

Von Klöstern und dem Vorläufer der LMU

Dieses geschichtsträchtige Gebäude war gewissermaßen eine Zwischenstation der Ludwig-Maximilians-Universität. München ist die dritte und letzte Station in der Geschichte der LMU. Gegründet wurde die Universität 1472 zu Ingolstadt von Herzog Ludwig IX. Während der Napoleonischen Kriege und wegen der Bedrohung durch die Franzosen zog die Universität von der Festungsstadt Ingolstadt im Jahr 1800 nach Landshut um, das seit 1956 (wieder) Sitz der Regierung von Niederbayern ist. Mit dem Umzug nach Landshut hatte man nicht zuletzt die Hoffnung verbunden, die Theologie möge das Erzkonservative abstreifen und einen moderneren Weg einschlagen.

Allerdings konnte die Universität in Landshut nur 26 Jahre bestehen, bis sie endgültig nach München verlegt wurde. Den Namen Ludwig-Maximilians-Universität hat sie 1802 in Landshut erhalten, benannt wurde sie nach Herzog Ludwig IX. und Maximilian I. Joseph, der später erster König von Bayern wurde. Für die Verlegung nach München soll es mehrere Gründe gegeben haben. Angeblich herrschten gewisse Unstimmigkeiten zwischen den Professoren, was zum Weggang einiger Gelehrter geführt habe. Problematisch war ebenfalls, dass nicht genügend finanzielle Mittel zur Verfügung standen.

Das Gebäude der heutigen Polizeiinspektion ist ein dreistöckiger Barockbau und wurde in der Zeit zwischen 1665 und 1691 von Michael Beer und Michael Thumb errichtet, ursprünglich als Jesuitenkloster. Zwischen 1775 und 1781 dienten die Räume der Malteser-Ritter-Kommande. Als 1800 die Universität einzog, war wiederum ein Dominikanerkloster in den Räumlichkeiten untergebracht. Wie viele andere geistliche Einrichtungen wurde es im Zuge der Säkularisation aufgelöst. Nachdem die Universität nach München verlegt worden war, diente das Gebäude Bildungszwecken und war von 1828 bis 1919 Jäger- und Infanteriekaserne. Im Jahr 1979 zog die Landshuter Polizei in die Räume ein.

Adresse Neustadt 480 (Spiegelgasse), 84028 Landshut | **ÖPNV** vom Hauptbahnhof Stadtbuslinien 2 bis 7, Haltestelle Altstadt oder Neustadt | **Anfahrt** A 92, B 11, B 15 oder B 299, Richtung Zentrum, von der Altstadt an der Kirche Sankt Martin (mit dem höchsten Kirchturm Bayerns und dem höchsten Backsteinturm der Welt) entlang und circa 100 Meter über die Kirchgasse gehen, dann rechts in die Spiegelgasse | **Tipp** Über dem Eingang eines Hauses in der Nähe prangt ein venezianischer Markuslöwe. In dem Haus befand sich im Mittelalter eine Handelsniederlassung von Venetien (Schirmgasse 268).

48 Die Teufelsbrücke

Ein ehemals wüstes und teuflisches Areal

Einst war dieses Gebiet wegen der Steilhänge und der damit verbundenen Gefahren unzugänglich, was man bei der letzten Etappe an der Teufelsbrücke erahnen kann. Dort geht es kurz vor der Brücke auf der linken Seite steil bergab, sozusagen eine der wenigen Spuren der Wildnis im heute gepflegten Hofgarten. Der Hof- und Herzoggarten (Letzterer liegt weiter östlich) hat eine Gesamtfläche von 33 Hektar, inklusive der Wege mit einer Gesamtlänge von acht Kilometern.

Die Steilhänge wurden Mitte des 19. Jahrhunderts erschlossen, gleichzeitig entstand auch der beschauliche Serpentinenweg. Seitdem ist die Parkanlage für die Öffentlichkeit zugänglich. Davor barg das felsige Gebiet um die heutige Teufelsbrücke durchaus Gefahr für Leib und Leben. Immer wieder war dieser Abschnitt unbegehbar, und Sicherungsmaßnahmen von eher provisorischer Art wurden durchgeführt. Es brauchte aber eine Dauerlösung, weshalb man Arbeiter vom Tegernseer Forstamt nach Landshut kommen ließ. Jene Männer hatten die für den Bau einer solchen Holzbrücke notwendige Erfahrung.

So entstand die Teufelsbrücke im Jahr 1878, doch wie sie zu ihrem Namen kam, ist nicht vollkommen geklärt. Möglicherweise erhielt sie ihren Namen in Verbindung mit dem ehemaligen »Teufelsturm«, der sich östlich des Hofgartens befunden hatte. Wahrscheinlicher jedoch dürfte der Name mit Bezug auf ihren Standort entstanden sein. Die rauen Felsen, der steile Hang, die Gefahr … Bedenken sollte man auch, dass die Menschen früher sehr gläubig waren und folglich vieles mit ihrer Religion in Verbindung gesetzt haben. Heute würde man die Brücke vielleicht einfach »Holzbrücke im Hofgarten« benennen. Da war man früher doch kreativer und krasser bei der Namensgebung …

Aufgrund von Schäden an der Holzkonstruktion musste die Teufelsbrücke Mitte März 2022 wegen aufwendigen Sanierungsarbeiten für gut ein Jahr gesperrt werden.

Adresse Serpentinenweg (Hofgarten), 84036 Landshut | **ÖPNV** vom Hauptbahnhof Stadtbuslinien 2 bis 7, Haltestelle Altstadt oder Neustadt | **Anfahrt** A 92, B 11, B 15 oder B 299, Richtung Zentrum, vom Alten Franziskanerplatz führt eine Treppe nach oben zum Hofgarten; über den Hauptweg circa 20 Meter geradeaus, bei der ersten Möglichkeit links, etwa 200 Meter geradeaus | **Öffnungszeiten** April–14. Mai 6–21 Uhr, 15. Mai–Aug. 6–22 Uhr, Sept. 6–21 Uhr, Okt.–März 6–19 Uhr | **Tipp** Ein paar Minuten entfernt bietet sich die Möglichkeit, einen schönen Ausblick auf die Altstadt zu bekommen (zurück zum Hauptweg, wo man links abgebogen ist, 100 Meter weiter über den Hauptweg, links und 100 Meter weitergehen).

49__Jens' Bank

Der letzte Wunsch eines uns Unbekannten

In der schönen Gegend zwischen Langenbach und Haag befindet sich der Ampersteg, eine kleine Holzbrücke über die Amper. Am Rand des Stegs kann man entweder auf einer Holzbank ausruhen oder am anderen Ende auf »Jens' Bank«, einer zwei Meter breiten Sitzgelegenheit aus Metall in hellgrauer Farbe. Aber warum heißt sie »Jens' Bank«?

Jens Linow lebte in Langenbach, erkrankte an Krebs und starb im September 2015 im Alter von 45 Jahren an seiner schweren Krankheit. In der Amperaue ging er öfter spazieren. Als Jens Linow bereits sehr geschwächt und die Krankheit weit fortgeschritten war, äußerte er den Wunsch, eine Bank aufstellen zu lassen – zum Ausruhen für Spaziergänger in dieser idyllischen Umgebung. Er wünschte sich die Bank anstelle von Blumen und Kränzen an seinem Grab.

Es ist die traurige Geschichte eines todkranken Manns, der mit nur 45 Jahren starb. Und doch wohnt der Geschichte zugleich auch eine positive Kraft inne. Im Grunde ist es eine Erinnerung an das Leben eines Menschen, den die meisten von uns nicht persönlich kannten. Anders als seine Familie, seine Freunde und Kollegen wissen wir nichts über ihn. Doch hat es eben etwas Berührendes, wenn ein sterbender Mensch sich statt Blumen und Kränzen eine Bank wünscht und so eine Spur hinterlässt.

Da der exakte Platz, den Jens sich gewünscht hat, nicht realisiert werden konnte (weil Wasserwirtschaftsamt und Forstbetrieb Freising keine Zustimmung erteilten), wurde eben eine andere Stelle in der Nähe ausgewählt. Jedenfalls haben Familie und Freunde sich unermüdlich dafür engagiert, dass sein letzter Wunsch erfüllt werden konnte. Der Platz gehört zur Gemeinde Langenbach, die auch die Umsetzung überwachte. Jens Linows Freundeskreis pflanzte eine kleine Eiche neben der Bank. Am 5. Dezember 2015 wurde Jens' Bank offiziell eingeweiht. Die Aufschrift lautet: »Jens' Bank – Krebs macht so müde.«

Adresse Startpunkt: Inkofener Straße (Nordseite), 85416 Langenbach | **Anfahrt** B 301 bis Marzling, drei Kilometer Richtung Nordosten bis Langenbach, dann auf Inkofener Straße Richtung Norden. Auf der linken Seite ist ein Sportplatz, wo man parken kann. Dann in den Wald gehen, und nach circa 500 Metern sieht man eine Holzbrücke, davor steht die Bank auf der rechten Seite. | **Tipp** Wenn man die Holzbrücke überquert und dann links geht, kommt man nach etwa 300 Metern zum Haager Badeweiher – ideal für ein Sonnenbad, da selten stärker frequentiert.

50 Die Langenbrucker Theaterbühne

Ein engagiertes Ensemble

Als Anfang des 20. Jahrhunderts die ersten Kinos in Deutschland aus dem Boden schossen, sahen manche Pessimisten darin den Untergang des Theaters. Allen Unkenrufen zum Trotz hat das Theater bis heute überlebt, auch wenn immer wieder einige schließen müssen. Die Langenbrucker Theaterbühne hat es geschafft, bis heute erfolgreich zu bestehen.

Bereits 1931 wurde in Langenbruck Theater gespielt, auch damals schon in der Pfarrer-Höfler-Halle. Allerdings ist das Gebäude seitdem erweitert, saniert und modernisiert worden. Im August 1986 wurde der Verein Langenbrucker Theaterbühne e. V. gegründet. Im nordwestlichen Teil der Hallertau gelegen, ist das Theater im Umland sehr beliebt. Und definitiv lohnt auch eine längere Anreise nach Langenbruck. Zudem findet im März und April das populäre und gut besuchte Starkbierfest mit Theaterprogramm statt. Für die gute Stimmung sind nicht zuletzt Musikanten aus Reichertshofen zuständig.

Der Zuschauerraum verfügt über 180 Sitzplätze. Aufgeführt werden Volksstücke, wie zum Beispiel »Der Brandner Kaspar«, »Die Geierwally« oder »Der Holledauer Fidel«. Auch die Jugend wird vom Theaterverein einbezogen. Einige der Stücke, wie »Peter Pan«, »Jim Knopf« oder »Die kleine Hexe«, werden von den jungen Akteuren in Hochdeutsch aufgeführt. Außerdem finden regelmäßig Gruppenstunden statt, um Kindern und Jugendlichen die Möglichkeit zu geben, ihr Interesse am Theater zu entdecken.

Viele Personen leisten ihren Beitrag, mitnichten um damit reich zu werden: zuvorderst der elfköpfige Vorstand und die Schauspieler, aber selbstverständlich auch Mitwirkende für Requisite, Beleuchtung, Ton, Bühnentechnik und vieles mehr. Dass es dieses charmante Amateurtheater bis heute gibt, ist eben nur dank engagierten Theaterliebhabern möglich.

Adresse Schulstraße 6, 85084 Langenbruck | **ÖPNV** Buslinie 18, Haltestelle Pörnbacher Straße | **Anfahrt** A 9 oder B 300, Ausfahrt Langenbruck, auf Pörnbacher Straße circa 600 Meter Richtung Süden, rechts auf Pfarrer-Höfler-Straße und nach 150 Metern links in die Schulstraße | **Öffnungszeiten** Termine: langenbrucker-theaterbuehne.de/termine | **Tipp** Sehr empfehlenswerte Pizza zu fairen Preisen gibt es im Vereinsheim der SpVgg Langenbruck – gemütliche Terrasse mit Blick auf den Sportplatz inbegriffen (Pizzeria Lo Stadio, Am Sportplatz 15).

51 Das Bockerl

Nostalgiefahrt in der Kultbahn

Das Bockerl gehört zur Geschichte der Hallertau, und die älteren Einwohner haben es noch miterlebt. Die Hallertauer Regionalbahn wurde von den Einheimischen Bockerl genannt, weil sie manchmal bockte, besonders wenn's a bisserl bergauf ging. Im Jahr 1895 wurde eine Dampflok auf der Strecke Wolnzach–Mainburg in Betrieb genommen. In den folgenden Jahrzehnten wurde das Schienennetz in der Hallertau stetig ausgebaut, bis Ende der 1960er Jahre das Aus kam. Immer mehr Menschen hatten nun ein Auto, hinzu kam ein besser ausgebautes Busnetz.

Wessen man sich heute vielleicht gar nicht mehr bewusst ist: Durch die Bahnstrecken brach eine Zeitenwende an, die Menschen wurden mobil und fanden es aufregend, dass sie einfach so von einer Stadt in die nächste fahren konnten, ohne eine Kutsche benutzen zu müssen. Aber nicht nur das, denn auch hinsichtlich des Güterverkehrs wurde vieles einfacher. Hopfensäcke und landwirtschaftliche Maschinen mussten nicht mehr mühevoll und zeitaufwendig transportiert werden. Dass sich die Sympathie für dieses Gefährt bis heute gehalten hat, zeigt auch der Modellbahnverein »Bockerl fahr zua!« aus Rudelzhausen. Mit Leidenschaft und Liebe zum Detail haben sich die Modellbauer der Aufgabe gewidmet, die Geschichte ums Bockerl in Miniaturform auf Ausstellungen zu präsentieren.

Das Bockerl in Langquaid fährt mehrmals im Jahr. Schön nostalgisch tuckert es dahin. Es sind 20 Minuten bis Schierling und weitere 15 Minuten bis Eggmühl. Einfach einsteigen und Platz nehmen, die Fahrkarten werden im Zug erworben. Die Bockerlfahrt ist bis heute beliebt, und auch bei schlechtem Wetter kommen genügend Fahrgäste. Manchmal winken Kinder am Straßenrand – und es kommt vor, dass Insassen mit auswärtigem Kennzeichen verblüfft aus ihren Autos in das Bockerl voller Menschen schauen und sich offensichtlich fragen: »Solche Züge fahren hier noch?«

Adresse Am Bahnhof, 84085 Langquaid; zusteigen: Höhe Bahnallee, Fahrplan: laabertalbahn.de | **ÖPNV** Buslinien 22, 25, Haltestelle Langquaid Marktplatz | **Anfahrt** A 93, Ausfahrt Langquaid, Richtung Zentrum fahren, östlich des Marktplatzes; Parkmöglichkeit: Ecke Bahnhofstraße / Am Bahnhof | **Tipp** Wer in Schierling aussteigt und den Ort erkunden möchte: Am Rathausplatz steht der »Gänshänger Brunnen«. Der Sage nach wollte der Schlossherr im Dreißigjährigen Krieg seine Gänse vor den schwedischen Feinden verstecken und ließ sie an der Rückseite des Schlosses aufhängen. Doch die Schweden spürten die Gänse auf und labten sich an ihnen. So bekamen die Schierlinger den Spitznamen »Gänshänger«. Wie der Brunnen beweist, nehmen es die heutigen Bewohner mit Humor.

52 Die Hopfendolde

Brauereien verschwinden, das Reinheitsgebot bleibt

Langquaid sollte man unbedingt besuchen. In der Kleinstadt findet man zwar kein weltberühmtes Highlight, dafür aber viele einzelne Besonderheiten. Vorrangig zu nennen ist der historische und nahezu gänzlich erhaltene Marktplatz mit den Gebäuden samt ihren Geschichten. Die Häuser hatten wechselnde Funktionen und beherbergten verschiedene Zünfte – einige hatten mit der Kunst des Brauens zu tun. Von Ende des 17. Jahrhunderts bis Mitte des 18. Jahrhunderts gingen 130 Lehrlinge bei sechs Braumeistern in die Lehre.

Wenn man vor der bronzenen Hopfendolde steht, sieht man dahinter sechs Steinblöcke. Sie symbolisieren die ehemaligen Brauereien in Langquaid. Links erstreckt sich eine Welle aus Stein mit der Aufschrift: »Erlass des Reinheitsgebots am 23. April 1516«. Es schrieb vor, dass nur drei Zutaten verwendet werden durften: Wasser, Gerste und Hopfen – die längst gebräuchliche Hefe fand keine Erwähnung. Bis dahin war beim Brauen ein Gemisch namens Grut verwendet worden, mit Kräutern wie Gagel, Heidekraut und Schafgarbe und Gewürzen wie Kümmel, Wacholder und Koriandersamen. Der Hopfen spielte bereits eine Nebenrolle und setzte sich mit der Zeit langsam, aber sicher durch. Das Reinheitsgebot gilt als das älteste Lebensmittelgesetz der Welt. Als 1918 die Weimarer Republik gegründet wurde, machte Bayern seine Zugehörigkeit davon abhängig, ob das Reinheitsgebot auf nationaler Ebene Gültigkeit erlangen sollte.

Auf der rechten Seite ist ein alter Brunnen, der bis Mitte des 20. Jahrhunderts von den Bewohnern genutzt wurde. Im Jahr 2008 gewann Langquaid den »Paulaner Brunnenpreis« mit dem Projektvorschlag »Erinnerung an die Brau- und Hopfentradition« des Bildhauers Alfred Kainz. Mit dem Preisgeld konnte der Schöpfbrunnen neu gestaltet werden. Es ist zunächst die glänzende Hopfendolde, die auffällt – bevor man das schöne Areal in seiner Gesamtheit entdeckt.

Adresse Kelheimer Straße (Südseite), 84085 Langquaid | **ÖPNV** Buslinien 22, 25, Haltestelle Langquaid Marktplatz | **Anfahrt** A 93, Ausfahrt Langquaid und Richtung Zentrum fahren, nördlich des Marktplatzes | **Tipp** Wenn man die Kelheimer Straße weiter stadtauswärts fährt, kommt man zu einem Kreisverkehr, der Langquaid künstlerisch darstellt.

53 Der Müllsammelbaum

Nützlich und außergewöhnlich

Was für eine originelle Idee von der hiesigen Umweltschutzgruppe »Cleanup«, einen solchen Baum zu fertigen! Die selbst entworfene und gefertigte Kreation ist durchaus innovativ, und zudem ist das Holzbäumchen eine Rarität, jedenfalls in dieser Form. Der Müllsammelbaum dient einem guten Zweck und sieht überdies witzig aus. Der Bürgermeister hat das Projekt unterstützt, Kindern und Erwachsenen gefällt der Baum gleichermaßen. Für Besucher des Marktweihers ist er sozusagen die erste Attraktion beim Betreten des Naherholungsgebiets.

In der Nähe des Müllsammelbaums steht eine Infotafel über das Naherholungsgebiet Marktweiher. Ein wahrlich vielseitiger Ort, denn hier (und in der Umgebung) kann man wunderbar wandern, auf dem drei Kilometer langen Naturerlebnispfad oder dem sechs Kilometer langen Waldlehrpfad. Mit dem Rad kann man ebenfalls unterschiedlich lange Touren unternehmen. Der Trimm-dich-Pfad, der gleich hinter dem Müllsammelbaum beginnt, ist für eine Kleinstadt großzügig gestaltet, mit Erklärungen und Vorschlägen zum jeweiligen Gerät. Malerisch sind die Weiher, umrahmt von Trauerweiden und Seeroseninseln auf der Wasseroberfläche.

Seit Ende 2021 gibt es den Müllsammelbaum. Durch seine Präsenz soll er zu mehr Aufmerksamkeit motivieren. Grundsätzlich sind Parkanlagen und Wälder in einem sauberen Zustand, weil die Menschen sich zumeist rücksichtsvoll verhalten. Leider gibt es aber auch Leute, die ihren »kleinen Müll« achtlos auf den Boden werfen. Manches geschieht unabsichtlich, wenn etwas abgelegt und dann vergessen wird oder wenn etwas aus der Jackentasche fällt. An den Ästen des Holzbaums hängen mehrere Eimer. Die notwendigen Zangen zum Aufheben stehen natürlich ebenfalls zur Verfügung: Abfall entsorgen, Eimer und Zange wieder aufhängen. Es kostet nicht viel Zeit, kann auch Kindern und Jugendlichen Spaß machen, und mit kleinem Aufwand hat man schon etwas Gutes getan.

Adresse nahe der Abensberger Straße, 84085 Langquaid | **ÖPNV** Buslinie 25, Haltestelle Langquaid Wendeplatz | **Anfahrt** A 93, Ausfahrt Langquaid, im Süden des Orts an der Abensberger Straße parken. Der Müllsammelbaum befindet sich an einer Gabelung, circa 30 Meter nördlich der 20er-Hausnummern der Abensberger Straße. | **Tipp** Für Mountainbiker ist der nahe gelegene und 2020 eröffnete Laberflow Bikepark empfehlenswert (bikepark-langquaid.de, Abensberger Straße).

54__Pillmeier Bräu

Eine kleine, feine Brauerei

Von den einst sechs Brauereien in Langquaid wurde die letzte 1965 geschlossen. Dann passierte 2018 etwas Überraschendes: Langquaid bekam durch Armin und Karin Pillmeier wieder eine Brauerei! Der Maschinenbauingenieur betrieb das Brauen jahrelang als Hobby. Vom Wunschtraum der eigenen Brauerei bis zur Verwirklichung sollte allerdings noch Zeit vergehen. Das Paar wollte das Ganze professionell aufziehen und mit Qualität überzeugen. Es brauchte seine Zeit, das Know-how in Theorie und Praxis stetig zu erweitern. Aber auch Bürokratie und Finanzierung waren zeitaufwendig. Das Gebäude der heutigen Brauerei hatten Armins Großeltern 1973 errichtet und als Kuh- und Schweinestall genutzt. Viele der Umbauarbeiten hat das junge Paar selbst erledigt. Die komplette Anlagentechnik wurde von Armin konstruiert und umgesetzt.

Wenn man als Gast im Biergarten sitzt, es aber draußen zu kalt ist, wird man sich im urigen Bräustüberl ebenso wohlfühlen. Der Raum wirkt einladend und ist gemütlich. Man hat direkten Blick auf die Brauanlage mit den Sudpfannen. Es gibt das traditionelle Helle, Dunkle und Weißbier. Dass die Biere nicht filtriert und chemisch behandelt werden, schmeckt man – und riecht man sogar. Begriffe wie Aroma und Bouquet wecken eher Assoziationen an geschwenkte Weingläser, doch bei den Pillmeiers kann man das auch aufs Bier beziehen.

Neben den klassischen Sorten werden verschiedene Spezialitätenbiere angeboten. Man kann die Biere in Fässern oder Flaschen erwerben, im Holztragerl mit zwölf Halbliterflaschen oder als Sixpack im Karton. Alles mit dem hübschen Logo von Pillmeier Bräu. Apropos Logo: Es ist nicht nur außergewöhnlich, sondern einfach schön. Hopfendolden und bayerische Raute, eingerahmt in ein Herz, das die Liebe zur Heimat symbolisiert. Die Grundidee kam von Karin. Sie zeichnete den Entwurf, der später von einem professionellen Designer verfeinert wurde.

Adresse Rottenburger Straße 28, 84085 Langquaid | **ÖPNV** Buslinien 22, 25, Haltestelle Langquaid Marktplatz | **Anfahrt** A 93, Ausfahrt Langquaid, Richtung Zentrum fahren, südlich des Marktplatzes | **Öffnungszeiten** Termine zu Bierverkauf und Ausschank: pillmeier-braeu.de | **Tipp** In unmittelbarer Nähe findet sich eine schöne Oase an der Großen Laber: eine kleine Aussichtsplattform mit Infotafeln über den Fluss, zum Beispiel »Der Mensch und die Laber«, außerdem Geschichtshäppchen (von der Rottenburger Straße in den Auweg und circa 150 Meter geradeaus).

55 Der historische Wegweiser

Kleines Highlight an der Dorfstraße

Würde man in einem Weiler einen so stilvollen, altertümlich-schönen Wegweiser vermuten? Wahrscheinlich nicht. Andererseits findet man Kultur ja nicht zwangsläufig in Städten. Loipertshausen ist vielleicht klein, doch wurde der Ort immerhin schon 834 erstmals urkundlich erwähnt. In seinem Buch »Die Mundart der Hallertau« nennt der Mundartforscher Ludwig Zehetner in diesem Zusammenhang den Namen Liutperhteshofa.

Es gibt Dinge in Dörfern oder Städten, die aufgrund ihres Alters als überholt und unästhetisch gelten. Anderes wiederum weiß man gerade wegen des hohen Alters zu schätzen und möchte es beibehalten. Besonders wenn es sich um schöne Dinge handelt. Schön ist der Wegweiser allemal, mit seiner blauen Schrift auf weißem Hintergrund. Die bayerische Farbkombination dürfte mitnichten zufällig sein. Bei einem Alter von etwa 150 Jahren ist stark davon auszugehen, dass es sich nicht mehr um die Originalfarbe aus dem 19. Jahrhundert handelt.

Die Angaben über die Entfernung zu den Orten Abens und Dürnzhausen sind immer noch aktuell, da sich diese Orte nicht allzu sehr ausgebreitet haben. Auf dem unteren, mittleren Schild steht Gemeinde Dürnzhausen, was jedoch nicht mehr gilt. Bis zum Jahr 1971 war Dürnzhausen eine selbstständige Gemeinde, heute gehören Loipertshausen und Dürnzhausen zur Gemeinde Schweitenkirchen. Die Angabe Hauptmeldeamt Ingolstadt ist ebenfalls Geschichte, denn jene militärische Verwaltung gibt es nicht mehr, und mit Ingolstadt hat Loipertshausen administrativ ohnehin nichts mehr zu tun.

Der Wegweiser in Loipertshausen ist aus Gusseisen wie in früheren Zeiten üblich. Diese Orientierungshilfen wurden seinerzeit entweder aus Gusseisen oder Holz gefertigt. Wann genau der Loipertshausener Wegweiser aufgestellt wurde, ist nicht bekannt. Als ziemlich sicher gilt, dass es im Zeitraum zwischen den 1870er und 1890er Jahren geschah.

Adresse Hauptstraße in Loipertshausen, 85301 Schweitenkirchen | ÖPNV Buslinien 617, 618, Haltestelle Dellnhausen (plus acht Minuten Fußweg) | Anfahrt von der A 9 nach Schweitenkirchen, in östlicher Richtung auf der Hauptstraße aus dem Ort fahren und der St 2045 circa fünf Kilometer folgen, in Dellnhausen links in die Abensquellstraße und geradeaus bis Loipertshausen, kurz vor Ortsausgang auf der linken Seite | Tipp Wenn man aus Schweitenkirchen kommend nicht in Dellnhausen abbiegt, sondern die Straße ein Stück weiterfährt, gelangt man nach Hirnkirchen. Im Restaurant »Zum tapferen Schneiderlein« kann man gutbürgerlich essen (Mo und Mi – Sa 17 – 23 Uhr, So und feiertags 11 – 14 und 17 – 23 Uhr, Grubanger Straße 13).

56 Das Gabelsbergerhaus

Ein Gebäude, das so einiges zu erzählen hat

Der Erfinder Franz Xaver Gabelsberger (1789–1849) wurde in München geboren und ist dort verstorben. Dennoch gibt es einen direkten Bezug Gabelsbergers zu diesem Haus. Auch das Gebäude selbst hat eine lange und interessante Geschichte.

Franz Xaver Gabelsberger kam aus einer Mittelstandsfamilie, wie man heute sagen würde. Über mehrere Generationen wurde das Bäckerhandwerk ausgeübt. Gleichwohl stammen mehrere Bürgermeister aus dieser Familie. Mit dem Bäckerhandwerk hatte Franz Xaver Gabelsberger aber nichts zu tun, denn er besuchte zunächst eine Klosterschule, dann ein Gymnasium, war für den Bayerischen Landtag tätig und hat die deutsche Stenografie erfunden, die »Gabelsberger-Kurzschrift«. Zur damaligen Zeit wurde sie unter dem entzückenden Titel »Geschwindschrift« bekannt. Auch wenn die Geschichte der Kurzschriften bis in die Antike zurückreicht, hat Gabelsberger mit seiner Erfindung einen Meilenstein gesetzt. Dies beweist auch sein Platz in der Münchener Ruhmeshalle – die Inschrift auf seiner Büste lautet: »Franz Xaver Gabelsberger, Erfinder d. deutschen Stenografie«. Noch heute wird Steno vereinzelt angewendet, unter anderem im Bayerischen Landtag, doch aus den Schulen ist das Fach längst verbannt. Ein Schulfach, das entweder geliebt oder gehasst wurde. Im Grunde war es wie Mathematik: Hatte man den Bogen erst einmal raus, war es eigentlich ganz leicht.

Das Gabelsbergerhaus ist das älteste Gebäude in Mainburg, mit einem hübschen Hinterhof. Errichtet wurde es 1636, und erstaunlicherweise hat es gleich mehrere Katastrophen überstanden – als Neubau sogar den Dreißigjährigen Krieg. Anscheinend ist dieses Haus mit Glück gesegnet, denn Brände und Kriege zu überstehen ist wahrlich erstaunlich. Schön, dass man den Schriftzug des Gabelsberger-Handwerks »Bäckerei« aus historischen Gründen beibehalten hat, auch wenn darin längst kein Brot mehr gebacken wird.

Adresse Gabelsbergerstraße 12, 84048 Mainburg | ÖPNV Buslinien 602, 603, 683, Haltestelle Griesplatz | Anfahrt B 301, Richtung Zentrum, vom Marktplatz in die Gabelsbergerstraße, nach 30 Metern auf der rechten Seite | Tipp Im Stadtmuseum in der ehemaligen Knabenschule befindet sich die Dauerausstellung »Hasenhirsch und Hundebär« mit Fundstücken längst ausgestorbener Tiere (unregelmäßig sonntags geöffnet: stadtmuseum-mainburg.de, Abensberger Straße 15).

57 Die Taufkapelle

Teil einer außergewöhnlichen Kirche

Eine Kirche im Ortszentrum ist alles andere als ungewöhnlich. Schön anzuschauen ist fast jede von ihnen. Allerdings hat die Pfarrkirche »Zu Unserer Lieben Frau« sowohl eine turbulente Vorgeschichte als auch einen originellen Innenraum. Etwa um 1400 wurde am Marktplatz eine Kapelle errichtet, die während des Dreißigjährigen Kriegs gleich zweimal zerstört wurde. Und weitere zerstörerische Brände sollten in den Jahren 1756 und 1863 folgen. Unermüdlich wurde immer wieder aufgebaut und erneuert. Schließlich war die Errichtung der Liebfrauenkirche 1866 beendet. Die Stadt wuchs, die Einwohnerzahl nahm zu – und die Kirche war irgendwann zu klein. Also wurde sie 1957 abgebrochen und im Zuge dessen auch das benachbarte Mädchenschulhaus, um den nötigen Platz zu schaffen. Ein Jahr später entstand der langschiffige Neubau, die heutige Stadtpfarrkirche.

Wer beim Betreten einen prunkvollen Altarraum erwartet, wird überrascht sein über die stilvolle Schlichtheit. Das Wandgemälde am Altar stammt von Franz Högner, der im Zentrum seines Kunstwerks die Dreifaltigkeit dargestellt hat. In Blickrichtung zum Altar geht es rechts zur Taufkapelle. Sie liegt um ein paar Stufen tiefer als der Kirchenraum. Die fünfeckige Bauweise und die drei Fensterseiten mit mehrfarbigen Mustern erzeugen eine angenehme Stimmung. Verschiedene Kirchensymbole wurden dabei vom Hofglasmaler Schneider in farblicher Zusammenstellung eingebunden.

An der Wandseite sind zwei Beichtstühle. In der Mitte steht ein aus weißem Jurakalkstein gebauter Taufstein mit Silberdeckel, gefertigt vom Bildhauer Karl Reidel. Der Künstler schuf unter anderem auch den Altar, auf dem das letzte Abendmahl dargestellt ist. Über dem Taufstein sieht der Besucher eine Taube, das Symbol des Heiligen Geists. Von der Denkmalschutzbehörde wird geprüft, die Stadtpfarrkirche Zu Unserer Lieben Frau in den Status eines Denkmals zu erheben.

Adresse Marktplatz 8, 84048 Mainburg | ÖPNV Buslinien 602, 603, 683, Haltestelle Griesplatz | Anfahrt B 301, Richtung Zentrum und Kirchturm fahren | Tipp Interessant ist auch die Kirche des Paulinerklosters. Die Errichtung geht auf eine Legende zurück. Ein Pfarrer war auf dem Weg zu einem Kranken, als ihm ein Fuhrknecht das Hostiengefäß aus der Hand schlug, welches daraufhin in der Luft schwebte. Der Fuhrknecht wurde von der Erde verschluckt. Der Hostienfrevel ist als Deckengemälde in der Kirche zu sehen (Besichtigung nach Vereinbarung: E-Mail mainburg@paulinerorden.de oder Tel. 08751/87260; östlich der Stadtpfarrkirche über den Marktplatz und die Treppe hinauf, Salvatorberg 3).

58_Der Vierlärchenberg

Rohe Gewalt im Dreißigjährigen Krieg

Manchmal hört man durch Zufall und über Umwege von interessanten Orten und ihren Geschichten. Im Heimatmuseum von Hörgertshausen hängt eine Schwarz-Weiß-Fotografie des Vierlärchenbergs. Auf diese Weise erfuhr ich die Geschichte der ermordeten Bauern von Margarethenried.

Als die schwedischen Soldaten im Mai 1632 von Ingolstadt Richtung Süden unterwegs waren, plünderten sie auch in Margarethenried. Daraufhin trieben sie vier Bauern an die Stelle, die heute der Vierlärchenberg ist. Die Bauern mussten tiefe Löcher graben, die von den Schweden mit Jauche gefüllt wurden. Den Bewohnern wurde befohlen, die Bauern lebendig zu begraben. Nachdem die Schweden abgezogen waren, wurden die Männer wieder ausgegraben und auf dem Dorffriedhof beigesetzt.

Der Dreißigjährige Krieg (1618–1648) war einer der brutalsten und blutigsten Kriege in Europa. Auf deutschem Boden starben geschätzt 40 Prozent der Bevölkerung durch Mord, Hunger und Seuchen. Aber nicht nur die Schweden, auch die eigenen Truppen haben zahlreich geplündert, vergewaltigt und gemordet. Den sogenannten »Schwedentrunk«, eine Jauche aus Urin, Kot und Schmutzwasser, die den Opfern durch einen Trichter eingeflößt wurde, haben vermutlich nicht die Schweden erfunden. Diese Foltermethode soll schon früher von Soldaten und Söldnern eingesetzt worden sein.

Die Namen der ermordeten Bauern und die Stelle der Grabstätten sind unbekannt. Möglicherweise wurde das Ereignis dokumentiert, doch ist im Chaos des Kriegs vieles verloren gegangen oder verbrannt. Nichtsdestotrotz ist diese Gräueltat durch die Überlieferung der Menschen von Margarethenried nicht in Vergessenheit geraten. An der Stelle befindet sich ein Kreuz. Von den vier alten Lärchen mussten zwei durch neue ersetzt werden. Der Ort wird regelmäßig gepflegt, um an die namenlosen Bauern und das Trauma der einstigen Bewohner zu erinnern.

Adresse Margarethenried (50 Meter nördlich des Orts), 85413 Hörgertshausen | ÖPNV Buslinie 683, Haltestelle Margarethenried | Anfahrt A 92, Ausfahrt Moosburg-Süd und über Mauern nach Hörgertshausen, einen Kilometer auf der Kirchenstraße in nördliche Richtung bis Margarethenried, im Ort die erste Straße links, nach etwa 250 Metern rechts hoch, oben parken, rechts an dem kleinen Gebäude vorbeigehen und circa 30 Meter geradeaus; der Vierlärchenberg ist auf der rechten Seite | Tipp Im Gegensatz zu anderen Rathäusern ist das in Hörgertshausen kein saniertes Baudenkmal, sondern ein sehr modernes Gebäude – und gerade deshalb sehenswert. Das L-förmige Rathaus wurde 2007 mit dem Holzbaupreis ausgezeichnet (Mainburger Straße 3).

59__Der Naturgarten Schönegge

Wo man als Kunde selbst aktiv werden kann

Die Brüder Horst und Erhard Schönegge haben ihren Naturgarten 1989 ins Leben gerufen. Seit 1992 ist der Standort in Meilendorf – also lange bevor das Bewusstsein für Bio-Ernährung bei der breiten Bevölkerung zum großen Thema wurde. Heute wird der Naturgarten zudem von der neuen Generation mitgetragen. Erhard Schönegges Kinder Lilian, Sophia und Michael sind Teil des engagierten Teams.

Was viele Kunden zu schätzen wissen: Man kann auf den Feldern oder in einem der Gewächshäuser selbst ernten – ohne das lästige Drumherum mit Anbau und Gartenpflege, zumal ja nicht jeder über einen Garten verfügt. Erfreulich sind auch die Öffnungszeiten zum Selbsternten, nämlich 24 Stunden täglich. Informationen zum Prozedere geben die Hinweisschilder. Nach der Ernte kann man das Gemüse waschen, wiegen und abpacken. Wer kein Stammkunde ist, wirft das Geld in die Kasse. Die Ausrüstung wird von Schönegge gestellt: Stiefel, Messer und Korb. Wer jedoch lieber den bequemen Weg gehen möchte, kann Obst, Gemüse und Kräuter während der Öffnungszeiten im Hofladen erwerben, in dem es ein breites Sortiment verschiedener Naturprodukte gibt. Schönegge liefert auch Ökokisten und ist auf Wochenmärkten anzutreffen. Das kleine Café vor dem Hofladen lädt dienstags und freitags zum Verweilen ein. In einem Schränkchen findet sich ein Bücherflohmarkt. Auf dem 2,8 Hektar großen Gelände kann man locker mehrere Stunden verbringen …

Kindern wird es in diesem Naturgarten ebenfalls gefallen. Die Selbsternte macht nicht nur Spaß, sondern vermittelt auch Wissen über die jeweiligen Obst- und Gemüsesorten. Die Kinder können sich Pferde und Ziegen ansehen oder auf dem schönen Spielplatz Zeit verbringen. Nicht zuletzt sei der Naturkindergarten am Waldrand erwähnt, wo die Kleinen die Tiere versorgen und ihre Brotzeit selbst ernten und zubereiten können.

Adresse Meilendorf 20, 85405 Nandlstadt, schoenegge.de | **ÖPNV** Buslinien 602, 603, Haltestelle Weihersdorf (plus acht Minuten Fußweg) | **Anfahrt** B 301, im Norden von Attenkirchen im Kreisverkehr Ausfahrt Nandlstädter Straße nehmen, nach circa 600 Metern links und 500 Meter geradeaus | **Öffnungszeiten** Selbsternte: täglich 24 Stunden; Hofladen: Di 15–19 Uhr und Fr 12–19 Uhr; Café: März–Nov. Di 15–18 Uhr und Fr 12–18 Uhr | **Tipp** 2015 wurde »Bayerns schönstes Bushäusl« ausgezeichnet: Das moderne Bushäusl mit kleinem Hopfengärtchen liegt im Dorf Pfettrach, etwa 1,5 Kilometer entfernt (beim Naturgarten den Weg in westliche Richtung und durch Hettenkirchen gehen, die Bundesstraße überqueren und circa 250 Meter geradeaus, bis zum Ende des Wegs Dorfanger, dann links).

60 Die Totenbretter

Bevor der Sarg zur bürokratischen Pflicht wurde

Es ist eine Rarität, auch wenn es sich hier nicht um die Originale handelt, denn diese befinden sich im Pfaffenhofener Heimatmuseum. Totenbretter gibt es in Oberbayern generell nur noch wenige. Anders verhält es sich im Bayerischen Wald, wo der Brauch bis heute gepflegt wird und solche Bretter zum Gedenken angefertigt werden.

Die Bestattung im Sarg ist in Bayern erst seit circa 1800 üblich. Bis dahin wurden die Verstorbenen in Dörfern und Weilern daheim aufgebahrt, in ein Tuch gehüllt, auf ein Holzbrett gelegt und dann zu Grabe getragen. Das Brauchtum sah damals vor, dass die Familie direkten Einfluss darauf hatte, wie sie ihren Angehörigen beisetzte, an einem vertrauten Ort und oftmals ganz in der Nähe des Zuhauses.

Ab Ende des 18. Jahrhunderts änderte sich dann vieles. Friedhöfe wurden zumeist vor den Toren der Stadt angelegt, und neue hygienische Verordnungen sahen die Beisetzung im Sarg vor. Im Laufe des 19. Jahrhunderts gab es immer mehr Leichenhäuser. Das erste Krematorium entstand 1878 im thüringischen Gotha. Heute bieten Bestattungsunternehmen verschiedene Särge an, von der einfachen Holzkiste bis zur Luxusausführung. Die Feuerbestattung ist nicht so ganz katholisch, und die Kirche empfiehlt bis heute die Erdbestattung, doch immerhin hat der Vatikan 1963 das Verbot der Feuerbestattung aufgehoben.

Die Länge der Totenbretter entsprach ungefähr der Körpergröße. Es wurde überwiegend weiches Holz verwendet, um die Verwitterung voranzutreiben. Die Seele steige erst dann auf, so glaubte man, wenn das Totenbrett ausreichend verwittert war. Die Bretter wurden häufig mit Schnitzereien verziert und mit Versen versehen. Auf einem der Totenbretter von Menzenpriel steht zu lesen: »Unheilbar ist die Wunde beim frühen Tod und jene Stunde da man Dich zu Grabe trug.« Diese Tote aus Menzenpriel hieß Hedwig Moll und war im Alter von 40 Jahren gestorben.

Adresse Menzenpriel, 85276 Pfaffenhofen an der Ilm (nördlich von Grainstetten, 85298 Scheyern) | **Anfahrt** B 13 bis Pfaffenhofen, etwa fünf Kilometer auf der Scheyerer Straße Richtung Westen, nach Menzenbach abbiegen (gegenüber der Kapelle), im Weiler Grainstetten rechts und am Waldrand links, geradeaus und in den Wald fahren oder (wer sein Auto wegen des unebenen Bodens schonen möchte) zu Fuß gehen; nach circa 400 Metern sieht man die Totenbretter auf der linken Seite | **Tipp** Diese Gegend bietet attraktive Radtouren. Vorschläge: www.kus-pfaffenhofen.de/tourismus/natur-aktiv/radfahren.

61 Das Sippenauer Moor

Kostbares Biotop und ein besonderes Quellwasser

Ein kleines Naturjuwel ist dieses streng geschützte Naturschutzgebiet, das seit 1939 als solches deklariert ist. Nur wenige Kilometer südlich der Donau liegt das Sippenauer Moor. Einst floss die Donau durch das Gebiet. Heute ist es der Feckinger Bach, der in die Donau mündet. Groß ist die Fläche des Sippenauer Moors nicht, nur 8,3 Hektar, doch das schmälert nicht die Besonderheit dieses Biotops. Das Gebiet ist aus mehreren Gründen speziell und von großer Bedeutung für die Tier- und Pflanzenwelt.

Es handelt sich um ein Kalkquellmoor, das normalerweise am Alpenrand zu finden ist. Eine Besonderheit weist die Flora und Fauna auf, denn im Sippenauer Moor sind extrem seltene Arten beheimatet. So zum Beispiel die Mehlprimel oder die Gestreifte Quelljungfer, deren Larven bis zu fünf Jahre in Quellbereichen und Gewässern leben, bevor sie als Libellen schlüpfen. Noch etwas Spezielles findet man in diesem Naturschutzgebiet: schwefelhaltiges Quellwasser. Es soll eine heilende Wirkung haben, riecht aber ein bisschen streng. Nicht umsonst hat das Moor so seinen Namen bekommen, da »sippen« nichts anderes als »übel riechen« bedeutet. Am kleinen Parkplatz beim Eingang verläuft das Wasser unterirdisch. Es treten zwei Quellen hervor, eine davon schwefelhaltig. Es gab einmal die Idee, das Schwefelwasser für Kuren zu nutzen, doch dann wäre der Grundwasserspiegel gesunken und das Moor ausgetrocknet.

Ein Besuch ist zu jeder Jahreszeit schön. Aus Respekt vor der Natur sollte man auf den Wegen bleiben und sich ruhig verhalten. Es darf nichts entwendet, nichts ausgegraben oder gepflückt werden. Darauf stehen extrem hohe Geldstrafen (im fünfstelligen Bereich!). Empfehlenswert sind wasserdichte Schuhe – und ein Trinkbecher, für den, der das Wasser probieren möchte. Nur eine der beiden Quellen ist schwefelhaltig, aber man erkennt leicht am Geruch, um welche es sich handelt.

Adresse Zugang: Bachstraße, 93342 Saal an der Donau | **Anfahrt** B 16 bis Kelheim, über Haunersdorfer Straße drei Kilometer Richtung Süden bis Mitterfecking, vor dem Ort in Bachstraße; nach wenigen Metern sieht man den Zugang zum Moor mit Infotafel auf der linken Seite | **Tipp** Ein Zwischenstopp in Mitterfecking lohnt sich für eine Brotzeit im Gasthof Zeller (gasthof-zeller.de, Dorfstraße 18).

62 Der Goldesel

Märchenfigur für einen guten Zweck

Es ist ein außergewöhnlicher und hübscher Brunnen, der in Moosburgs Innenstadt zu finden ist. Hier wird kein Held, Heiliger oder Adliger dargestellt, sondern der Goldesel aus dem Märchen »Tischchen deck dich, Goldesel und Knüppel aus dem Sack« der Gebrüder Grimm. Auch in dieser Geschichte müssen die Hauptfiguren erst einmal bittere Erfahrungen machen, bevor am Ende das Gute über das Böse siegt.

Drei Brüder werden von ihrem Vater fortgejagt, weil eine boshafte Ziege die jungen Männer der Lüge bezichtigt hat. Der mittlere Sohn geht bei einem Müller in die Lehre und bekommt als Anerkennung einen Goldesel geschenkt, der auf Befehl Goldmünzen speit. Ein böser Wirt stiehlt ihm den Goldesel – derselbe Wirt, der bereits seinem älteren Bruder das Tischchen gestohlen hat, welches auf Befehl Speis und Trank zur Verfügung stellte. Der jüngste Sohn kann seine Brüder rächen, indem er den Knüppel aus dem Sack lässt. Der böse Wirt rückt daraufhin das Tischchen und den Goldesel heraus. Er kehrt heim und gibt seinen Brüdern das Tischchen und den Goldesel zurück.

Auch wenn in der Realität nicht immer das Gute siegt, sind solche Geschichten für Kinder tröstlich, und deshalb erinnert man sich an sie, auch wenn man längst erwachsen ist. Seitlich des kleinen Brunnens ist eine schmale Platte befestigt, auf der steht: »Denk mal an die Kinder. Idee: Stadt Moosburg a. d. Isar und Kinderschutzbund Moosburg, unterstützt durch«. Es folgen die Namen der Förderer am Brunnenrand, die auf den Goldmünzen zu lesen sind.

Eine schöne Idee des hiesigen Kinderschutzbunds, und erfreulich ist auch, dass sich für dieses Projekt Unterstützer fanden. Nicht nur die Umrandung des Brunnens besteht aus Goldmünzen, sondern auch der Boden. Aber es finden sich in ihm vereinzelt richtige Münzen, die in den Brunnen geworfen worden sind – in der Hoffnung, dass es Glück bringt.

Adresse Ecke Kirchengäßchen/Herrnstraße, 85368 Moosburg an der Isar | ÖPNV Buslinien 501, 680, 683, Haltestelle Feuerwehrhaus | Anfahrt A 92, in den Stadtkern fahren, wenige Meter östlich des Stadtplatzes | Tipp In der Kaffeerösterei »Bohnenfee« gibt es selbst gerösteten Qualitätskaffee, Kaffeezubehör und feine Pralinen (Di–Fr 9.30–13 und 14–17.30 Uhr sowie Sa 9–13 Uhr, Herrnstraße 23).

63__Das Portal

Eine etwas versteckte Sehenswürdigkeit

An der Westseite des Münsters Sankt Kastulus ist das romanische Portal aus dem frühen 13. Jahrhundert. Möglicherweise ist es sogar noch älter, da Albert I., Bischof von Freising, seinem Gefallen darüber Ausdruck verliehen haben soll. Er starb 1184, was nahelegt, dass das Portal bereits im 12. Jahrhundert geschaffen wurde.

Der Weg dorthin ist überraschend schlicht, jedenfalls im Vergleich zum prächtigen Münster – unbedingt hineingehen und ansehen! Von der Straße »Auf dem Plan« geht man zwischen Sankt Kastulus und der Kirche Sankt Johannes hindurch. Für den seltsam klingenden Straßennamen gibt es eine Erklärung: Nachdem 1207 ein Feuer gewütet und Teile der Kirche zerstört hatte, wurde das Areal um die Kirche planiert, also geebnet.

Am Portal fällt der Blick zunächst auf das Tympanon, das fünf Personen darstellt: in der Mitte Jesus Christus, zur Linken die Muttergottes. Neben ihr kniet Kaiser Heinrich II., der Stifter des Münsters. Rechts an Christus' Seite ist der heilige Kastulus dargestellt, daneben kniet Bischof Albert I., der das Münster geweiht hat. Die lateinische Inschrift lautet übersetzt: »Dieses so großartige Gotteshaus bringt dir, Castulus, der glückliche Bischof dar, dem du ein mächtiger Schutz sein mögest. Ihm sei auch der König gnädig, der dir wieder den Glanz verlieh, welcher dir so lange Zeit hindurch entzogen war.«

Die Beschriftungen sind in Latein und Griechisch, einige Muster weisen irisch-schottisch Merkmale auf. Für die Betrachtung des Hauptportals an der Westseite sollte man sich etwas Zeit nehmen. Nicht nur für das Tympanon, die verzierten Archivolten und Säulen oder die verschiedenfarbigen Blöcke der Wandpfeiler – auch die etwas bizarr wirkenden »Details« sind beachtenswert. Wie etwa der Flötenspieler unter dem linken Löwenkopf. Oder der bärtige Mann mit den Frauenköpfen in seinen Händen unter dem rechten Löwenkopf.

Adresse Auf dem Plan 6, 85368 Moosburg an der Isar | **ÖPNV** Buslinien 501, 680, 683, Haltestelle Feuerwehrhaus | **Anfahrt** A 92, Richtung Stadtkern und der beiden Kirchtürme fahren | **Öffnungszeiten** täglich 8–18 Uhr | **Tipp** Eine schöne Oase ist der Josef-Furtmeier-Anger, der nach einem Moosburger benannt wurde, welcher ein Gleichgesinnter und Bekannter der Geschwister Scholl war (beim Zehentstadel, Thalbacher Straße 7).

64 Die ehemalige Hopfenhalle

Aus der Zeit der Old-School-Hopfenverarbeitung

Für Veranstaltungen bietet das Innere sowohl genügend Raum als auch eine schöne Atmosphäre, weshalb hier auch das alljährige Hopfenfest stattfindet. Ansonsten wird das Gebäude nur noch selten genutzt und steht seit Ende der 1990er Jahre die meiste Zeit leer. Allerdings gibt es Überlegungen und Pläne, das historische Gebäude zukünftig für den sozialen und kulturellen Austausch zu nutzen.

Der Architekt Josef Houzer hat die Pläne zum Bau der Hopfenhalle entworfen. Errichtet wurde sie 1898 und zunächst »Hopfentrocknungs- und Präparieranstalt« genannt. Sie stammt aus einer Zeit, als beinahe jedes Haus in Nandlstadt mit dem Hopfenanbau zu tun hatte. Nach der Ernte wurde der Hopfen hierhergebracht und bearbeitet. Die Hopfenballen wurden gewogen und gesiegelt, danach gelagert beziehungsweise für den Transport vorbereitet.

Ihr Aussehen ist schnörkellos, ein Gebäude aus Ziegelsteinen und Holz. Es bestand damals kein Grund, in architektonische Verschönerungen zu investieren. Auf so manchen Betrachter wirkt das Gebäude nicht unbedingt attraktiv. Nun ja, es bleibt Geschmacks- und Ansichtssache. Dem könnte man vielleicht entgegensetzen, dass auch nicht jeder neumodische Glaskasten, der in Großstädten hochgezogen wird, eine Augenweide ist (schwer vorstellbar, dass sie irgendwann zum Kulturgut gehören und unter Denkmalschutz stehen werden).

Nach einer Sanierung dürfte die Hopfenhalle eine ganz andere Wirkung haben, allerdings verursachen solche Maßnahmen natürlich auch jede Menge Kosten. Bleibt abzuwarten, was aus dem imposanten Ziegelbau noch werden wird. So oder so: Die Alte Hopfenhalle ist per se ein Kulturgut, gehört zu Nandlstadt und der Hallertau. Sie verkümmern zu lassen oder niederzureißen wäre jammerschade. Die Hopfenhalle ist nicht nur ein Denkmal aus der Glanzzeit und der Zeit des Aufschwungs dieser Region, sondern sie verleiht dem Ort auch Charakter.

Adresse Bahnhofstraße 6, 85405 Nandlstadt | ÖPNV Buslinien 602, 603, 682, 683, 684, Haltestelle Marktstraße | Anfahrt B 301 bis Au in der Hallertau, auf Moosburger Straße Richtung Osten fahren und der Straße vier Kilometer folgen, kurz vor dem Rathausplatz rechts abbiegen | Tipp Im Nordosten Nandlstadts liegt das idyllische Waldbad, mit Kinderbecken, ausreichend Liegewiesen und Biergarten. Im Winter zum Schlittschuhlaufen geeignet. Eintritt frei, Waldbadstraße 27.

65 Die Kastanienallee

Ein romantisch-historischer Spaziergang

Das quadratische Stadtzentrum mit einer Größe von 300 Metern Länge und 300 Metern Breite hat sich in den letzten Jahrhunderten nicht weiter vergrößert, was keineswegs negativ ist. Schließlich bleibt die Altstadt auf diese Weise ursprünglich und beschaulich. Würde man den alten Stadtkern ausweiten wollen, müsste man Historisches und Ästhetisches dafür opfern. Deutlich wird das bei einem Spaziergang über die Kastanienallee.

Die Strecke führt am Rand des Stadtzentrums an tiefen Gräben vorbei, wo früher die massive Ringmauer stand. Aufgrund von Konflikten unter den Herzögen fanden regelmäßig kriegerische und brutale Angriffe statt, sodass eine Wehrmauer vonnöten geworden war, welche Neustadt vor Attacken schützen sollte. Dies geschah nicht lange nach der Stadtgründung im Jahr 1273, denn bereits 1363 war die Errichtung abgeschlossen. Zur Wehranlage gehörten drei Tore: Abensberger und Mauerner Tor sowie das Donautor, die im Laufe des 19. Jahrhunderts niedergelegt wurden. Von den sieben Türmen sind noch drei erhalten und in gutem Zustand: Rundturm (im Osten), Krebsturm (im Westen) und Lugausturm (im Süden).

Die Kastanienbäume an der gleichnamigen Allee wurden Ende des 19. Jahrhunderts angelegt. Der kleine Spaziergang über die Julius-Sax-Straße am Stadtwall führt von der Bahnhofstraße im Süden zur Regensburger Straße im Norden. Der Spazierweg ist zwar nur 400 Meter lang, aber nett und romantisch. Im nördlichen Teil kommt man zur Linken an einem Schild vorbei: »Burg Trephenau«, darüber ein Ritterhelm. Die Burg befand sich auf der höchsten Erhebung der Stadt, zwischen Löwengrube und Julius-Sax-Straße. Über das Aussehen und die Dauer der Existenz von Burg Trephenau gibt es nur Mutmaßungen, sicher ist allerdings, dass es sie schon geraume Zeit vor der Stadtgründung 1273 gab. Auch über ihre Besitzer weiß man wenig – möglicherweise ließen die Wittelsbacher sie errichten.

Adresse Julius-Sax-Straße, 93333 Neustadt an der Donau | ÖPNV Mehrere Buslinien aus den umliegenden Städten fahren bis Neustadt, unter anderem die Linien 6008, 6023, 6034, 7530. | Anfahrt B 299 bis Neustadt, ins Zentrum fahren (nördlicher Teil von Neustadt), in der Nähe des Stadtplatzes verläuft die Julius-Sax-Straße | Tipp Im südlichen Teil der Löwengrube befinden sich der Lugausturm und ein Teil der Stadtmauer (von der Julius-Sax-Straße links in die Reußstraße, dann zweimal rechts).

66 Das Wandbild

Erinnerung an das erste Stadtrecht

Was hat diese Stadt während ihrer langen Geschichte schon alles erdulden müssen! Brände, Plünderungen, schwere Schäden durch Kriege, Seuchen und die damit verbundenen Hungerperioden … All das ließ die Bevölkerung von Zeit zu Zeit schwinden. Dazu kam immer wieder der Kampf gegen das Hochwasser, zuletzt und besonders schlimm Pfingsten 1999. Und dennoch: Die Bevölkerung ist, gerade in den letzten Jahrzehnten, stetig angewachsen. Kein Wunder, denn mehrere größere Unternehmen bieten Arbeitsplätze, und das Städtchen hat durchaus seinen Charme. Zum Vorteil gereicht Neustadt auch die geografische Lage, mit attraktiven Städten in der Nähe – und dem Dürnbucher Forst.

Rühmen kann sich Neustadt an der Donau nicht zuletzt damit, die ältesten Stadtrechte Bayerns zu besitzen. Dabei handelt es sich nicht etwa um eine Sage, sondern um dokumentarisch belegte Geschichte. Herzog Ludwig II., der Strenge, verlieh Neustadt an der Donau im Jahr 1273 das Stadtrecht. Ursprünglich Seligenstadt, wurde sie in den folgenden Jahrzehnten sowohl Seligen- als auch Neustadt (beziehungsweise Abwandlungen davon) genannt, erhielt dann aber im Jahr 1296 endgültig ihren heutigen Namen.

An der Nordseite eines großen Bürgerhauses wurde das historische Ereignis verewigt. Dort heißt es: »Im Jahre 1273 gründet Herzog Ludwig II. Neustadt mit dem ersten Stadtrecht in Bayern«. Daneben ist das Wappen der Stadt abgebildet: zwei Zinntürme und in der Mitte ein Schild mit den weiß-blauen bayerischen Rauten. Etwas fällt außerdem bei der Abbildung auf: Die Reiter hinter Ludwig sitzen auf dunklen Pferden, der Adlige wiederum reitet auf einem Schimmel. In der Hallertau hat der Schimmel seit jeher einen besonderen Stellenwert, weshalb das weiße Pferd in Bühnenstücken und Sagen seinen Platz gefunden hat. An der Ostseite des Gebäudes sind weitere historische Abbildungen, doch ist diese die aussagekräftigste.

Adresse Ecke Kirchplatz/Herzog-Ludwig-Straße, 93333 Neustadt an der Donau | ÖPNV Mehrere Buslinien aus den umliegenden Städten fahren bis Neustadt, unter anderem die Linien 6008, 6023, 6034, 7530. | Anfahrt B 299 bis Neustadt, ins Zentrum fahren (nördlicher Teil von Neustadt), schräg gegenüber dem Rathaus ist das Wandbild | Tipp Nur ein paar Schritte weiter ist »Das blaue Haus«, das in seiner heutigen Form von circa 1780 stammt, ursprünglich aber etwa 100 Jahre älter ist. In ihm lebten einst verschiedene Handwerker, später war darin eine Bank, dann ein Geschäft untergebracht. Seit den 1990er Jahren stand das zweigeschossige Haus leer, bis die Stadt es 2011 erwarb und aufwendig sanierte (Kirchplatz 5).

67_Der Repsstadel

Rechtzeitig vor dem Verfall gerettet

Das Gebäude von 1816 gehörte einst zum Wasserschloss von Niederhatzkofen, in welchem seit 1951 die Schlossklinik Rottenburg untergebracht ist. Der Repsstadel ist ein 37 Meter langer und fünf Meter breiter Pfeilerbau. Leider gibt es keine Aufzeichnungen über seine ursprüngliche Nutzung. Franz Gumplinger, Stadtrat und Vorsitzender des Fördervereins, vermutet aufgrund der Bezeichnung Repsstadel, dass darin Flachs getrocknet wurde.

Der Stadel stand über viele Jahre leer. Um ihn vor dem totalen Verfall zu retten, wurde er in den Jahren 2008 bis 2009 saniert. Motivation und Ziel war es, das Gebäude als Kulturgut zu bewahren und für Veranstaltungen zur Verfügung zu stellen. Die nötigen Geldmittel kamen vom Bayerischen Landesamt für Denkmalpflege, dem Entschädigungsfonds des Freistaats Bayern, der Regierung von Niederbayern und der Stadt Rottenburg, aber auch Kulturmäzene und freiwillige Helfer haben einen wichtigen Beitrag geleistet. Während der Sanierungsphase wurden die seltenen Langohrfledermäuse entdeckt. Auf Veranlassung von Franz Gumplinger sind für die Tiere einige Reihen Dachziegel samt Dachreiter belassen worden.

Die Eröffnungsfeier war im September 2009. Während der folgenden Jahre fanden im Repsstadel kulturelle Events und sogar Hochzeitsfeiern statt. Aber auch für den guten Zweck bei freiem Eintritt war das Gebäude verfügbar. In den letzten Jahren diente der Repsstadel allerdings vor allem der Besichtigung von außen. Veranstaltungen haben sich als schwierig erwiesen, weil natürlich Toiletten zur Verfügung stehen müssen und dies nicht so einfach zu bewerkstelligen ist. Zudem ist es nicht so leicht, Personal zu finden, das sich um die Organisation kümmert.

Manchmal kommt der Waldkindergarten aus Rottenburg hierher. Nicht selten bleiben Wanderer stehen oder halten Radfahrer an, um die klassizistische Feldscheune zu fotografieren.

Adresse Ecke Schloßstraße / Haselbacher Straße, 84056 Rottenburg an der Laaber | **ÖPNV** Buslinie 303, Haltestelle Schlossklinik | **Anfahrt** B 299 bis Pfeffenhausen, auf Rottenburger Straße Richtung Nordosten fahren, in Oberhatzkofen links in Sportplatzstraße und rechts in Haselbacher Straße, nach 300 Metern liegt links der Repsstadel | **Tipp** Das Binder-Pehr-Haus in Rottenburg aus dem 17. Jahrhundert liegt zwei Kilometer entfernt. Dort ist eine vollständig und original erhaltene Fassbinderwerkstatt ausgestellt (Öffnungszeiten: jeden 1. Sonntag im Monat 14–17 Uhr, Pfarrstraße 5).

68 Die Nöttinger Viehweide

Ein Naturschutzgebiet mit reichlich Totholz

Wenn man an der Infotafel rechts vorbei in den Wald geht, hat man einen kleinen, aber außergewöhnlichen Wanderweg vor sich. Diese Route durch den ästhetisch-rauen Wald hat eine Länge von gut drei Kilometern und dauert bei gemächlichem Schritttempo etwa 40 Minuten. Die »Nöttinger Viehweide und Badertaferl« gehört zum Nördlichen Feilenforst und war bis zur Säkularisation 1803 Eigentum des Klosters Geisenfeld. Seit 1943 ist das Areal ein Naturschutzgebiet, 1986 wurde es um das westlich gelegene Schacherbruck erweitert. Heute umfasst die Fläche knapp 150 Hektar. Die Nöttinger Viehweide bietet Lebensraum für viele Tiere und Pflanzen, darunter auch sehr seltene und vom Aussterben bedrohte Arten.

Bereits im Mittelalter wurde die Hutelandschaft von verschiedenen Weidetieren genutzt. Wegen der Schafe, Ziegen und Waldtiere sollte man Hunde unbedingt an der Leine halten. Leider lassen sich Besucher mitunter dazu verleiten, die für die Natur kostbaren Blumen oder Pflanzen zu pflücken. Hier finden sich gigantische jahrhundertealte Eichen. Man sieht knorrige oder von Moos bedeckte Baumstämme. Bei schönem Wetter bietet sich auf den Lichtungen ein wunderschöner Anblick in diesem wilden Mischwald. Die vielen abgestorbenen Bäume neben den Wegen sind vielleicht ungewohnt und seltsam, doch das Totholz macht dieses Gebiet auch so wertvoll für Flora und Fauna. Die Nöttinger Viehweide ist eine Art pure Ursprungsnatur, denn das Totholz dient den Tieren nicht nur zur Überwinterung und als Schutz, es ist auch ein wichtiger Nistplatz.

Manchmal ist es unvermeidlich, dass der Mensch die Natur etwas steuert, zum Nutzen der Tiere. Für die Entbuschung auf den Weidewiesen sorgten früher die Tiere selbst, heute muss das mühsam und zeitintensiv von Hand verrichtet werden. Nur so können die Wiesen den Schafen und Ziegen weiterhin zur Verfügung stehen.

Adresse Vohburger Straße, gegenüber Heideweg (Nordseite), 85290 Geisenfeld | **ÖPNV** Buslinie 16 aus Geisenfeld, Haltestelle ZOB Nöttinger Straße (plus 20 Minuten Fußweg) | **Anfahrt** B 300 bis Geisenfeld, Richtung Norden über Nöttinger Straße, die in Vohburger Straße übergeht, durch Nötting, am Ortsende links und rechts auf den kleinen Parkplatz | **Tipp** Wer möchte, kann den Ausflug ausweiten und Richtung Westen zu den Badeseen gehen. Einkehren kann man im »Kiosk Haus Feilenmoos« (Feilenmoos 3).

69__Das französische Staatsgebiet

Hier endete das Leben eines bretonischen Helden

In Frankreich wird er bis heute verehrt, in Deutschland ist er kaum bekannt: Théophile Malo Corret de la Tour d'Auvergne, geboren 1743 in Carhaix in der Bretagne. Als er sich 1797 freiwillig in die Armee zurückmeldete, war er bereits Mitte 50 und seit Kurzem im Ruhestand. Seinem Freund Jacques Le Brigant war nur noch ein Sohn geblieben. Damit der Sohn seines Freundes nicht einberufen werde, zog La Tour an dessen Stelle in den Kampf. Chapeau!

La Tour war nicht nur mutig, sondern auch bescheiden, lehnte Beförderungen und Ehrungen ab. Er wurde unter Napoleon als Frankreichs »Erster Grenadier« bezeichnet. Darauf soll La Tour befremdet reagiert haben, denn für ihn gäbe es keinen Ersten und Letzten, weil alle ihre Pflicht täten. So viel man weiß, nahm er seine Pflichten sehr ernst. Getrieben wurde er vom Wunsch nach Gerechtigkeit und Freiheit – allerdings nehmen so gut wie alle Kriegsparteien diese Begriffe für sich in Anspruch …

Seine private Leidenschaft galt den Kelten. Er forschte über ihre Geschichte und Sprachen, wobei ihn besonders das Bretonische beschäftigte. Im Jahr 1797 veröffentlichte er »Origines gauloises« (Gallische Ursprünge), wenige Jahre nach seinem ersten Buch über die Bretonen. La Tour beherrschte mehrere Sprachen, darunter auch Deutsch.

Der Franzose wurde am 27. Juni 1800 von einem österreichischen Ulanen schwer verletzt – an der Stelle, wo seine ursprüngliche Ruhestätte war und sein Denkmal steht (in seiner heutigen Form von 1837, als es König Ludwig I. restaurieren ließ). La Tours Herz wurde kurz nach seinem Tod einbalsamiert. Seine sterblichen Überreste sind 1889 ins Panthéon nach Paris überführt worden, sein Herz befindet sich unter der Kuppel des Invalidendoms. Kurz nach La Tours Tod wurde das 300 Quadratmeter große Grundstück von den Franzosen gekauft und ist bis heute französisches Staatsgebiet.

Adresse südlich der Hauptstraße, 86697 Oberhausen an der Donau | **ÖPNV** Buslinie 9114, Haltestelle Hauptstraße | **Anfahrt** von der B 16 (östlich von Oberhausen) auf Donauwörther Straße, die in Hauptstraße übergeht, durch Oberhausen, kurz vor dem Ortsende kommt rechts die Kindergartenstraße – circa 20 Meter weiter ist rechts ein kleiner Parkplatz, zu Fuß die Straße überqueren und die Treppe hoch | **Tipp** La Tour mühte sich schwer verletzt zum Forsthaus nach Unterhausen, wo er verstarb. An dem heutigen Wohnhaus gibt es eine Gedenktafel auf Französisch (Dr.-Kirchner-Platz 2).

70 Die Sanddünen

Begonnen hat alles nach der Eiszeit

Dünen vermutet man eher in Küstennähe, doch diese Sanddünen findet man mitten in Bayern. Die »Binnendünen bei Offenstetten und Siegenburg« sind ein Naturschutzgebiet, das sich in zwei Teile gliedert: die Binnendünen westlich von Siegenburg und die Binnendünen im Seeholz zwischen Abensberg und Offenstetten. Mit einer Fläche von neun Hektar ist das Gebiet in Offenstetten wesentlich kleiner als das 18 Hektar große bei Siegenburg. Das Teilgebiet in Offenstetten befindet sich neben einem ehemaligen Steinbruch und ist leicht zugänglich. Trotzdem ist das faszinierende Areal nicht allzu bekannt. Wer vorbeikommt und nicht um die Dünen weiß, wird zunächst nur die Kiefern wahrnehmen. Wenn man jedoch genauer hinsieht, entdeckt man schon bald die freien Flächen mit den sandigen Hügeln.

Entstanden sind die Dünen durch Flugsand nach der letzten Eiszeit vor etwa 10.000 Jahren. Im Laufe der Zeit wurde das Klima immer wärmer. Durch die sich stetig ausbreitende Vegetation waren die Dünen dem Wind nun nicht mehr schutzlos ausgeliefert. Doch im Mittelalter begannen die Menschen mit der Rodung und intensiven Landnutzung, wodurch die Dünen wieder schutzlos wurden. Von den frei liegenden Flächen nahmen starke Winde Sand auf, der dann an anderer Stelle wieder zu Boden kam.

Das Gebiet beherbergt seltene Arten der Flora und Fauna. Damit der Bestand auch weiterhin stabil bleibt und die Arten nicht aussterben, sind regelmäßige Pflegemaßnahmen der Naturschutzbehörden notwendig. Bestimmte Arten können nur auf Sandböden leben, und auch in dieser Hinsicht muss der Mensch heute etwas nachhelfen. Zum Beispiel für die Blauflügelige Sandschrecke, den Ameisenlöwen (eine Insektenlarve) oder die Sandbiene, aber auch für Pflanzen wie Frühlings-Spark und Sand-Strohblume. Es versteht sich von selbst, dass man der Natur nichts entwenden und auf den Wegen bleiben sollte.

Adresse Startpunkt: Steinbruchstraße, 93326 Abensberg | ÖPNV Buslinien 6028, 6041, Haltestelle Kreittmayrstraße/Abzweigung Raiffeisenstraße (plus zehn Minuten Fußweg) | Anfahrt B 16 bis Abensberg, der Straubinger Straße zwei Kilometer folgen, in Offenstetten auf An der Linde Richtung Norden, nach circa 700 Metern links und parken. Hier verlaufen zwei Wege namens Steinbruchstraße – den Weg Richtung Westen nehmen, nicht den, der scharf links führt. Circa 150 Meter geradeaus, dann links in den Wald, nach 300 Metern sind links die Dünen. | Tipp Die sehenswerte Grotte Abensberg wurde 1927 entdeckt, über ihr liegt eine Waldkapelle: die Straße An der Linde weiter Richtung Norden, nach etwa zwei Kilometern an einer Kreuzung die Straße links nehmen (rechts ist der Hornsteinweg). Nach einem Kilometer ist links ein Waldstück, in dem sich nach 200 Metern die Grotte befindet.

71 Der höchste Punkt der Hallertau

Verschiedene Möglichkeiten für den Aufenthalt

Wenn es einen Ort gibt, von dem man nicht mehr wegmöchte, dann ist er auf diesem hübschen Areal, dem höchsten Punkt der Hallertau. Und wenn man es nicht auf den Kilometer genau nimmt, dann befindet sich dieser Ort bei Osseltshausen auch (so ungefähr) in der Mitte der Hallertau. Die Aussicht auf die Hopfenfelder, Wiesen und Wälder ist so schön, dass sie an Szenen aus kitschigen Vorabendserien erinnert. Es sind 534 Meter über Normalhöhennull, die diese Aussicht möglich machen.

Der Platz wurde so hingebungsvoll gestaltet und ausgestattet, dass es geradezu rührend ist. Umrahmt wird das Ganze von Butterblumen und Löwenzahn, wenn man zur entsprechenden Jahreszeit hierherkommt. Sogar ein Wildbienenhotel wurde aufgestellt. Am Lebensbaum mit zwei Kränzen prangt ein Schild: »Koana is perfekt. Aba ois Bayer is ma verdammt na dro« (eh klar – als habe je irgendwer das Gegenteil behauptet …). Darunter steht eine Holzbank mit zwei Herzerl. Es gibt drei weitere Sitzbänke, eine mit der Aufschrift »Coronabangal« von 2020, davor ein Holztisch mit Deko. Aber nicht nur zum Ausruhen und für den Genuss der Stille ist dieser Ort geeignet. Wenn man will, kann man auf verschiedene Weise aktiv werden. Es gibt ein Frisbee, Federballschläger und Bälle unterschiedlicher Art.

Wer seinen Gedanken freien Lauf lassen möchte, kann dies im »Gipfelbuch« tun, gern mit Datum und Angabe der Herkunft beziehungsweise des Wohnorts. Man kann einen Vorschlag niederschreiben, ein Gedicht oder eine Anekdote. Kritik sei erlaubt, steht da zu lesen. Aber was sollte man hier kritisieren? Das gesamte Areal ist sorgsam gepflegt und bietet sogar Ausrüstung zur sportlichen Betätigung. Nun gut, als Anregung kann Kritik natürlich auch hilfreich sein. Jedenfalls: Wer das Engagement um das schöne Plätzchen zu schätzen weiß, kann in dem blauen Kassenbehälter eine Spende hinterlassen.

Adresse Osseltshausen (circa 200 Meter nordwestlich), 84072 Au in der Hallertau | **ÖPNV** Buslinie 617, Haltestelle Osseltshausen | **Anfahrt** B 301 bis Au, Richtung Südwesten auf Pfaffenhofener Straße, am Ortsrand (circa 200 Meter vor dem Kreisverkehr) rechts und der Straße drei Kilometer bis Osseltshausen folgen, an der Schäfflerstraße parken und über Jakob-Schwaiger-Weg hochgehen (man kann auch mit dem Auto hochfahren) | **Tipp** Das »Holledauer Wirtshaus« in Osseltshausen ist eine empfehlenswerte Einkehrmöglichkeit, hat aber nur sonn- und feiertags von 11.30–14 Uhr geöffnet (Schäfflerstraße 29a).

72 Das Humularium 1920

Ein historisches Freiluftmuseum

In der Einöde Osterwind vermutet man kaum Attraktionen, dabei bietet sie sogar zwei: den Naturlandhof Osterwind und das »Humularium 1920«. Wer als Wanderer oder mit dem Rad unterwegs ist, kann in dieser Idylle eine Rast einlegen, denn es gibt einen Tisch mit Bänken. Das Humularium – der Hopfengarten – ist eingebettet in eine schöne Landschaft. Der Schauhopfengarten ist quasi ein Museum unter freiem Himmel, kostenlos und jederzeit zugänglich. Auf Schautafeln werden nicht nur Informationen vermittelt, sondern auch Geschichten und Anekdoten aus längst vergangenen Zeiten erzählt: von der Bedeutung des Hopfens für die Menschen, sowohl für die Hallertauer als auch die einstigen Erntehelfer, darunter viele arme Leute aus dem Bayerischen Wald. Die Texte auf den Schautafeln sind mit Sorgfalt ausgewählt und geradezu liebevoll verfasst, was die Verbundenheit der Hallertauer mit ihrem Hopfen einmal mehr verdeutlicht.

Im Humularium erfährt man so einiges über den Hopfen. Es geht unter anderem um den Anbau und die Ernte, aber auch alte Fotografien finden sich. In einer Art Vitrine ist unter anderem ein Messer ausgestellt, welches zum Hopfenausputzen verwendet wurde, sowie Hopfenbleche, das damalige Zahlungsmittel für die Hopfenzupfer. Man erfährt auch, was es mit der Ursprungssorte »Hallertauer Mittelfrüh« auf sich hat, Interessantes über die medizinischen Aspekte des Hopfens und dass er 2007 zur Arzneipflanze des Jahres gewählt wurde. Denn schließlich wirkt der Hopfen beruhigend, krampflösend und angeblich sogar krebsvorbeugend. Und wer noch nie von der bayerischen Operette »Der Holledauer Fidel« gehört hat, kann erfahren, dass der Dreiakter im Jahr 1920 uraufgeführt wurde. Es ist die Geschichte eines Manns namens Fidel aus dem Bayerischen Wald, der als Hopfenzupfer in die Hallertau kommt und sich in die Tochter eines wohlhabenden Hopfenbauers verliebt.

Adresse Osterwind (gegenüber der Kapelle), 84076 Pfeffenhausen | **Anfahrt** B 299 bis Pfeffenhausen, auf der Dürnwinder Straße drei Kilometer in südöstliche Richtung | **Tipp** Der Naturlandhof Osterwind bietet Führungen über den jahrhundertealten Hof mit Kunstwerken an, außerdem finden sich auf dem Anwesen ein Bauernhofmuseum und ein Hofladen, der täglich 7–19 Uhr geöffnet ist (naturlandhof-osterwind.de, Osterwind 1).

73 Die Steinkreuze

Zwei Knechte, die den Tod fanden

Das ist das Spannende an Sagen und Legenden: Man weiß nie so genau, wie sie sich zugetragen haben. Und ob sie sich überhaupt zugetragen haben. Über jene Zeit, als die Menschen zum Zeitvertreib und zur Unterhaltung Geschichten ersannen, könnte man natürlich sagen: Sie lebten ohne Fernsehen und Bücher, und deshalb haben sie Geschichten erfunden. Man könnte aber auch meinen, dass die eine oder andere Story sich »nach wahren Begebenheiten« zugetragen hat, denn die verrücktesten Geschichten schreibt ja ohnehin das Leben ... Typisch ist die Schwarz-Weiß-Malerei der Protagonisten in diesen Geschichten. Wie auch in diesem Fall: der gute und der böse Knecht.

Im Weiler Perka erinnern zwei Steinkreuze an die – ob nun realen oder erfundenen – Knechte. Sie symbolisieren den guten und den bösen Knecht. Sie stehen in einem Abstand von etwa einem Meter und sind in ihrem Aussehen recht unterschiedlich. Eines ist dunkler, sieht älter und lädiert aus. Blickt man von oben auf die Steinkreuze, sieht man, dass sie dort eine Mulde haben. Normalerweise liegt in einer der Mulden ein Stein, jedoch nicht immer. Falls nicht, sollte man sich nach einem handgerechten Stein umsehen (oder, wenn es nicht zu viele Umstände macht, einen mitbringen). Nun schlägt man mit dem Stein auf das linke Kreuz. Der Klang ist hell und klar. Schlägt man auf das rechte Kreuz, so nimmt man den Klang als dunkel und tief wahr.

Der linke Stein steht für den guten Knecht, der in den Himmel kam. Der rechte Stein steht für den bösen Knecht, der nach seinem Ableben zur Hölle fuhr. Eine Version der Legende besagt, dass zwei Knechte erschlagen wurden, wovon einer gut und der andere böse war. In einer anderen Version heißt es, ein böser Knecht habe einen guten Knecht erschlagen, worauf der böse Knecht ebenfalls an Ort und Stelle tot umfiel. Wann der gute und der böse Knecht gelebt haben, ist nicht bekannt.

Adresse Perka (nördlicher Ortseingang), 93354 Biburg | Anfahrt B 301, bei Altdürnbuch in die Hopfenstraße und einen Kilometer bis Biburg fahren, von der Hauptstraße in die Perkaer Straße und circa 1,5 Kilometer in südliche Richtung fahren, beim Ortseingang in Perka dem Schild »Zur Kirche« folgen, links abbiegen, der Straße circa 40 Meter folgen, die Kreuze sind rechter Hand | Tipp Die nahe gelegene Kirche Sankt Michael und Leonhard mit einem hübschen Staffelgiebelturm ist auch wegen der über 400 Jahre alten Altäre einen Blick wert.

74 Die Arlmühle

Schlicht, schön und nützlich

Seit Oktober 2016 ist die Arlmühle in Betrieb. Anlässlich der Gartenschau »Natur in Pfaffenhofen a. d. Ilm 2017« sind einige schöne Projekte von bleibendem Wert entstanden. Unter anderem der Bürgerpark mit der Arlmühle. Betritt man das Gelände von der Weiherer Straße, fließt auf der linken Seite die Ilm, und über ihr dreht sich das Holzrad der Mühle. Die 25.000 Quadratmeter große Parkanlage ist eine wunderbare Oase mit Grünflächen, unter anderem mit Hopfenturm und Froschkönig-Spielplatz. Eigentlich sollte auf diesem Areal bereits 1914 ein öffentlicher Park entstehen. Die Planung war bereits im Gange, doch nach dem Ausbruch des Ersten Weltkriegs sollte es nicht mehr dazu kommen.

Im Jahr 1887 gab es an der Arlmühle ein öffentliches Bad. Regelmäßig beschwerten sich Anwohner über entstandene Schäden durch Badegäste. Um die Jahrhundertwende wurde das Bad aufgelöst. In der Folge entstand 1910 ein Schlachthof. Bis Anfang der 1990er Jahre war er in Betrieb und wurde einige Jahre später abgebrochen. Während der Bauarbeiten wurden auf dem Areal der Mühle jahrhundertealte Mauerreste und ein alter Mühlstein entdeckt.

Die Arlmühle wurde 1135 erstmals erwähnt, fünf Jahre vor der ersten urkundlichen Erwähnung Pfaffenhofens, und hieß damals noch Rumoltsmühle. Es gab sogar mal einen Arlmüllerweg, ein Teil davon wurde später in Spitalstraße umbenannt. Weil die Stadt ein Pumpwerk für die Wasserversorgung bauen ließ, musste die Mühle 1904 weichen.

Nachdem die Arlmühle 2016 saniert wurde, ist sie nicht nur schön anzuschauen, sondern auch von Nutzen. Das Wasserrad mit sechs Metern Durchmesser kann immerhin etwa 30 Haushalte von durchschnittlichem Verbrauch mit Strom versorgen. Im Nebenarm der Ilm wurde von den Stadtwerken ein Durchlass für Fische und andere Wassertiere konstruiert. Aufgrund dieser sogenannten Fischtreppe können Flussbewohner gefahrlos die Arlmühle passieren.

Adresse Weiherer Straße 14–16, 85276 Pfaffenhofen an der Ilm | ÖPNV Buslinie 3, Haltestelle Feuerwehrhaus | Anfahrt von der B 13 in die Weiherer Straße, die Arlmühle ist nur wenige Schritte vom Eingang des Bürgerparks entfernt | Tipp Der »Blumenstadl« hat neben Blumen und Pflanzen auch eine schöne Auswahl an Deko für Wohnung und Garten (Mo–Fr 8.30–12 sowie 12.30–18 Uhr, Sa 8.30–12 Uhr, Raiffeisenstraße 7).

75_Die Dichterstube

Das Arbeitszimmer eines facettenreichen Künstlers

Joseph Maria Lutz wurde 1893 in Pfaffenhofen geboren und starb 1972 in München. Das Inventar in der Dichterstube stammt aus seiner Münchener Wohnung in der Schneemannstraße. In einem zweiten Raum wird sein Leben in Bildern festgehalten. Über die bayerische Sage vom Brandner Kaspar verfasste Lutz seine Theaterfassung »Der Brandner Kaspar schaut ins Paradies« (1934). Die erzählende Urfassung (1871) stammt von Franz von Kobell. Heute wird überwiegend die unterhaltsame und humoristische Version »Der Brandner Kaspar und das ewig' Leben« (1975) von Kurt Wilhelm aufgeführt.

Lutz war ein widersprüchlicher Charakter. Dem Pfaffenhofener Autor und Heimatforscher Reinhard Haiplik ist es in seiner Biografie über Lutz gelungen, diese Widersprüchlichkeit anschaulich darzulegen. Da ist jener Lutz, der in seinem Roman »Der Zwischenfall« die kleinbürgerliche Gesellschaft seiner Zeit kritisiert, doch später für die 68er nur verächtliche Worte übrig hat. Der Lutz, aus dessen Gedichten und Aufzeichnungen man zumindest Opportunismus herauslesen kann – und der Lutz, über den glaubwürdige Zeitzeugen später sagten, er sei Antifaschist gewesen, der für das Regime Hass empfunden und diesen auch offen geäußert habe. Nach dem Krieg wurde er als Mitläufer eingestuft. Der Dichter versuchte sich in Erklärungen: Angst, finanzielle Not …

Ein talentierter Schriftsteller war er jedenfalls. Joseph Maria Lutz schrieb lesenswerte Romane, Erzählungen und Gedichte. Sein Theaterstück »Der Brander Kaspar schaut ins Paradies« wird zu Recht noch immer aufgeführt. Erwähnt sei auch »Bayrisch – Was nicht im Wörterbuch steht«. Im »Bayernlied« von 1860 gab es eine dritte Strophe, die 1918 getilgt und 1948 von Lutz wieder aufgegriffen und neu verfasst wurde. Aber Franz Josef Strauß beschloss 1980, dass künftig nur noch die ersten beiden Strophen zur offiziellen Version gehören sollten.

Adresse Schulstraße 15, 85276 Pfaffenhofen an der Ilm, josephmlutz-museum.de | **ÖPNV** Buslinien 1, 2, 3, Haltestelle Schulstraße | **Anfahrt** von der B 13 in die Moosburger Straße, nach dem zweiten Kreisverkehr links in die Schulstraße, nach 150 Metern auf der linken Seite (vor dem Gebäude steht ein Lutz-Denkmal) | **Öffnungszeiten** Besichtigung nach Vereinbarung mit Andreas Sauer: info@andy-sauer.de oder Tel. 0160/97513129 (Mo–Sa), Mo, Di, Do möglich | **Tipp** In der Nähe ist das Denkmal für die Opfer des Nationalsozialismus. Fotografien und Kurzbiografien geben jüdischen Bürgern, aber auch antinationalistischen Christen ein Gesicht. Die Zwangsarbeiterkinder von Uttenhofen, die in einem von Himmler in Auftrag gegebenen Kinderlager starben, werden mit Namen, Geburtstag und Todesdatum aufgeführt (Hauptplatz 47, Zugang über Kirchengasse).

76__Die ehemalige Trabrennbahn

Ein Lost Place, der an glorreiche Zeiten erinnert

Bis heute werden viele Pfaffenhofener wehmütig, wenn sie an die Zeit zurückdenken, als die Pferde noch ihre Runden drehten. Schließlich gehörte die »Hopfenmeile« lange Zeit zu dieser Stadt. Bereits 1921 wurden in Pfaffenhofen Trabrennen veranstaltet, im Zweiten Weltkrieg fand das Ganze vorerst ein jähes Ende. Es war der Brauerei- und Pferdebesitzer Sebastian Urban, der 1981 den Entschluss fasste, das Trabrennen wieder aufleben zu lassen. Seiner Vision zufolge sollte die Rennbahn professionell aufgebaut werden. Wo einst ein Hopfengarten war, entstand die Hopfenmeile. Schon der erste Renntag war mit mehreren 1.000 Besuchern ein voller Erfolg.

Die Bahn hat eine Länge von 800 Metern. Das Tribünenhaus und die angrenzende Gastronomie »Urbanus« wurden bald nach der Eröffnung der Rennbahn errichtet. Sebastian Urban bot im Urbanus warme und kalte Speisen an, und für Getränke war in der Urbanus-Schänke gesorgt. Ein versierter Geschäftsmann war er schon, der Herr Urban, das muss man ihm lassen.

Die Popularität hielt etwa 20 Jahre, die Umsätze waren beachtlich. Während der 1980er und 1990er Jahre war die Hopfenmeile eine der beliebtesten Trabrennbahnen Bayerns. Im neuen Jahrtausend ging es dann stetig bergab. Wie viele andere Branchen litt auch der Trabrennsport unter der Verbreitung des Internets. Pferdewetten wurden immer öfter von zu Hause aus abgegeben. Das letzte Rennen fand 2010 statt. Es war nur eine Frage der Zeit, denn das endgültige Aus war schon wesentlich früher absehbar gewesen.

Was aus der ehemaligen Trabrennbahn werden soll, ist noch nicht beschlossen. Verschiedene Veranstaltungsformen sollen vielleicht stattfinden, aber auch die Errichtung von Wohnhäusern steht im Raum. Das Gelände liegt derzeit brach, aber der Rasen wird immer noch gemäht.

Adresse An der Weiberrast (Parkplatz), 85276 Pfaffenhofen an der Ilm | **ÖPNV** Buslinie 1, Haltestelle Heindlstraße | **Anfahrt** von der B 13 im Norden Pfaffenhofens auf die Anton-Schranz-Straße, am Kreisverkehr der Straße weiter folgen und nach circa 700 Metern rechts in An der Weiberrast, nach 100 Metern links parken, den breiten asphaltierten Weg bergab gehen, rechts halten | **Tipp** Das »Sulzberger Bierhaus« befindet sich südlich der Trabrennbahn und hat eine immense Auswahl regionaler und globaler Biermarken und -sorten – darunter die Eigenmarke »Vomantino«, eine Abkürzung von »Vo mir aus na tring i no oans« (Mi–Sa 9–18 Uhr, Hohenwarter Straße 95).

77__Das Parkhaus

Was Babynahrung und ein Parkhaus gemeinsam haben

Parkhäuser sind in der Regel langweilige Betonklötze, bei denen Funktionalität vor Schönheit geht. Anders bei diesem Parkhaus, welches das Stadtbild nicht in Mitleidenschaft zieht, sondern es, ganz im Gegenteil, bereichert. Allerdings gerät das Gebäude nicht besonders oft ins Blickfeld, weil die Georg-Hipp-Straße nicht allzu frequentiert ist. Das Parkhaus bietet 400 Stellplätze und wurde 2018 errichtet. Der Babynahrungshersteller Hipp hat es für seine Mitarbeiter bauen lassen. Der Plan war: ein Parkhaus aus nachhaltigen Materialien und ebensolcher Forstwirtschaft. Hinter dem Parkhaus fließt die Ilm, schräg gegenüber dem Eingang ist das Verwaltungsgebäude.

Die Marke Hipp ist in Pfaffenhofen ziemlich präsent. Die Straße, in der die Verwaltung und das sehenswerte Parkhaus ihren Standort haben, ist nach Georg Hipp (1905–1967) benannt, dessen Vater Joseph Hipp (1867–1926) mit Kinderzwiebackmehl den Grundstein für die Firmenhistorie legte. Georg Hipp hat mit der industriellen Herstellung von Babynahrung das Angebot stetig erweitert.

Die Grundstruktur des Parkhauses ist freilich aus Beton gebaut. Es sind 360 Baumstämme von Kiefern und Lärchen, die rundherum die Fassade zieren. Sie stammen aus nachhaltiger Forstwirtschaft, geliefert hat sie die Waldbesitzervereinigung Pfaffenhofen. Fixiert sind die bis zu 17 Meter hohen Stämme am Gebäude mit kräftigen Schrauben. Der Boden wurde großzügig bepflanzt, und in naher Zukunft werden die Baumstämme von üppigem Grün bedeckt sein. Efeu, Hopfen, wilder Wein und Blauregen werden das Bild der Fassade dominieren. Das Aussehen des Parkhauses wird sich mit den Jahren verändern und zunehmend grüner werden. Durch die Bepflanzungen soll es Lebensraum für Vögel und Insekten schaffen. Auf dem flachen Dach gibt es ein Storchennest, und es ist nur eine Frage der Zeit, bis weitere Arten hier ihr Zuhause finden werden.

Adresse Georg-Hipp-Straße, 85276 Pfaffenhofen an der Ilm | **ÖPNV** Der Bahnhof ist nur wenige Minuten zu Fuß entfernt. Hier fahren die Linien 1, 2, 3. | **Anfahrt** von der B 13 im Süden Pfaffenhofens auf die Schrobenhausener Straße, nach etwa 30 Metern rechts in die Georg-Hipp-Straße | **Tipp** In der Nähe ist die »Ilminsel«, eine nette kleine Parkanlage am Ufer der Ilm mit Spielplatz (Georg-Hipp-Straße Richtung Norden bis zum Ende, auf Am Schwarzbach weiter, nach wenigen Schritten auf der linken Seite).

78 Das Stegerbräu

Als ein dämlicher Mörder essen ging

Es ist eines der ältesten Gebäude in Pfaffenhofen, zum Teil aus dem 16. Jahrhundert. Steht man vor der Hausfront und blickt zur linken Seite des Erkers, dann sieht man das älteste Wappen der Stadt, weit über 500 Jahre alt. Ende des 19. Jahrhunderts fanden im Stegerbräu lebhafte Versammlungen und hitzige Diskussionen statt. Es war eine Zeit, in der auch die einfachen Leute politisch dachten und handelten – und mitunter als gefährliche Unruhestifter gesehen wurden.

Das Stegerbräu blieb bis in die 1930er Jahre selbstständig. Als 2012 ein Gastronomenpaar das Gasthaus übernahm, eröffnete es in den Kellergewölben der ehemaligen Brauerei den »Soundkeller«, der zu einer beliebten Adresse wurde. Wegen behördlicher Auflagen verabschiedeten sich die Wirtsleute 2016. Heute residiert in dem Haus das griechische Restaurant »El Greco«.

Nicht zuletzt ist da noch die makabre Geschichte des Georg Steinberger. Er war ein Knecht aus Fürholzen, der am 15. März 1908 seine hochschwangere Freundin Anna erstach. Nach der Tat durchsuchte er die Kleider der Toten nach Geld und raubte 75 Pfennig. Um ein Alibi zu haben, ging er ins Stegerbräu. Er war nicht nur kaltblütig, sondern auch nicht gerade die hellste Kerze auf der Torte. Mit dem blutverschmierten Messer bearbeitete er seine Weißwürste. Von der Bedienung darauf angesprochen, meinte er: »Ja mei, woaßt, do hob i grod a Sau obgschlacht.« Der Bedienung kam das seltsam vor, und sie informierte die Polizei. Annas Leiche wurde in einem Waldstück westlich der Stadt gefunden. Steinberger bekam »lebenslänglich«, wurde aber wegen guter Führung nach 20 Jahren aus dem Zuchthaus entlassen. Die neu gewonnene Freiheit brachte ihm jedoch nichts. Ihm schlugen Ablehnung und Feindseligkeit entgegen, und niemand wollte ihm Arbeit oder ein Obdach geben. Um nicht zu verhungern, kehrte er freiwillig ins Zuchthaus zurück und blieb bis zu seinem Tod.

Adresse Ingolstädter Straße 13, 85276 Pfaffenhofen | ÖPNV Stadtbus Linien 1, 2, 3, Haltestelle Kellerstraße oder Hauptplatz | Anfahrt B 13, Richtung Zentrum, am Hauptplatz westlich des Rathauses in die Ingolstädter Straße | Öffnungszeiten El Greco: täglich 11–14.30 und 17–24 Uhr | Tipp Ebenfalls in der Ingolstädter Straße ist der Fernmeldebunker, der am zweiten und vierten Samstag eines Monats für Besucher geöffnet hat. Er wurde während des Kalten Kriegs streng geheim gehalten, heute kann man ihn bei einer Führung besichtigen (stadtfuehrungen-pfaffenhofen.de/bunker-tour).

79__Die verfolgte Weißwurst

Eine langweilige Trafostation ist jetzt bunt

Das Graffito auf der Trafostation am Volksfestplatz stammt von den Künstlern Sober, Osen und Seul. Ja, das sind schon teilweise abgefahrene Pseudonyme, die aus dieser Szene zu hören sind. Anfang 2016 haben die drei jungen Männer der Trafostation ein neues Aussehen verliehen. Auf einer Seite sieht man eine wegrennende Weißwurst, die von einem hungrigen Mann mit Messer verfolgt wird. Auf der anderen Seite ist ein kotzender Mann dargestellt. Vielleicht fragt sich mancher, was die Künstler damit sagen wollten. Aber kommt es darauf überhaupt an?

Bis heute tun sich manche schwer damit, Graffiti oder Street-Art als Kunstform zu akzeptieren. Einige meinen vielmehr, es handele sich um Schmierereien und Vandalismus. Natürlich ist es Geschmackssache, aber in der Regel werden Straßen, Unterführungen oder Gebäude dadurch verschönert. Vandalismus ist es ja nur dann, wenn illegal gesprayt wird. Graffitikünstler haben schon in vielen Ländern Farbe und interessante Motive an grauen Plattenbauten oder Unterführungen angebracht.

Seit 1998 gibt es in Pfaffenhofen das Graffitiprojekt »Be Inspired«, gefördert von der Stadt, dem Jugendparlament und der Stadtjugendpflege. Verschiedene Flächen werden Nachwuchskünstlern oder Fortgeschrittenen zur Verfügung gestellt – unter dem Motto: »Du hast die Dosen, wir die Mauern!« Tatsächlich veranstaltet die Stadtjugendpflege sogar Workshops, Ausstellungen und andere Events.

Wie in anderen Kunstgenres auch gibt es bei Graffiti und Street-Art Unterschiede in Stil und Ausdruck. Manche verfolgen eine politische oder gesellschaftliche Botschaft, anderen wiederum geht es um die Möglichkeit, sich auszudrücken. Es ist nicht anders als bei Malern oder Bildhauern: Die Künstler möchten ihr Talent ausleben. Dieses Graffito gehört zu der witzigen Sorte, ist nett gemacht und ungewöhnlich. Die Trafostation ist dadurch jedenfalls schöner geworden.

Adresse Volksfestplatz (Eingang Nordseite der Türltorstraße), 85276 Pfaffenhofen | **ÖPNV** Buslinien 1, 3, Haltestelle Kreisel | **Anfahrt** von der B 13 in die Weiherer Straße, in die Türltorstraße, vom Eingang des Volksfestplatzes geradeaus über das ganze Gelände gehen, dann sieht man auf der rechten Seite das Graffito | **Tipp** In der Nähe ist ein weiteres sehenswertes Graffito. Der Thunfisch und die zwei Totenköpfe mit Blumen stammen vom Augsburger Künstler Max Birkl, der damit die Hauswand des ehemaligen »Bierfilzl« verschönert hat (Türltorstraße Richtung Süden und wenige Schritte auf der Frauenstraße).

80 Die Kneippanlage

Erfrischung und Fitness am Friedhof

Lange war man sich über den Standort uneins, und nicht alle Pfeffenhausener fanden das Projekt unbedingt vonnöten, schon gar nicht am Friedhof. Nachvollziehbar sind solche Bedenken insbesondere alter Menschen, die bei ihrem Friedhofsbesuch nicht unbedingt Leuten beim Wassertreten oder Kindern beim Planschen zuhören wollen. Aber es liegen ja dann doch einige Meter dazwischen, und das Becken wird nicht massenhaft belagert.

Eine Kneippanlage neben einem Friedhof mag zunächst wenig einladend klingen, zumindest kann es sich für so manchen seltsam anhören. Das sollte es aber nicht, denn tatsächlich ist es ein schöner, ruhiger Ort. Die Treppen entlang des idyllisch angelegten Kreuzwegs führen zum Klausenberg und der ehemaligen Wallfahrtskirche. Wer möchte, kann den Weg zu einem kleineren oder größeren Ausflug ausdehnen. Für diejenigen, die kein Interesse an dem Drumherum haben und sich ausschließlich für die Kneippanlage interessieren, ist ein Besuch nicht minder lohnenswert.

Neben dem Becken sind zwei Schilder mit empfohlenen Anleitungen, fürs Armbad und fürs Wassertreten. Trotz des allgemeinen Gesundheitsbewusstseins assoziiert man Kneipp immer noch ein bisschen mit Seniorengymnastik, dabei ist das Kneippen gut für Jung und Alt. In Verbindung mit den Elementen Wasser, Bewegung, Ernährung, Heilpflanzen und Ordnung soll es die Widerstandsfähigkeit stärken und die Selbstheilung anregen. Ob man das nun skeptisch betrachtet oder überzeugt davon ist: Bewegung im Wasser schadet grundsätzlich nicht, kann also nur nützlich sein.

Die Kneippanlage ist Teil des Projekts »Bewegtes Niederbayern«. Das Kneippbecken fügt sich in das Freizeitangebot im Landkreis Landshut ein – und lässt sich mit Wanderungen oder Fahrradtouren verbinden. Die Kneippanlage am Rand von Pfeffenhausen ist ein guter Startpunkt für Ausflüge – aber auch an sich schon ein sehr angenehmer Ort.

Adresse südlich des Kellerwegs (offiziell Landshuter Straße 5), 84076 Pfeffenhausen | **ÖPNV** Buslinie 303, Haltestelle Bahnhof Pfeffenhausen | **Anfahrt** Von der B 299 auf Landshuter Straße, nach circa 700 Metern rechts in den Kellerweg und gleich wieder rechts. Nach wenigen Metern ist der Friedhof rechts, die Kneippanlage links. | **Tipp** Wenige Minuten zu Fuß entfernt ist das »Gloadürnwinder Muichhäusl«. Neben Milch und Milchprodukten findet man auch Saisongemüse aus eigenem Anbau (nördlich über Kellerweg und bei Ludwigshöhe rechts, 24 Stunden geöffnet, Dürnwinder Straße 31).

81 Der Hopfenhimmel

Herrlicher Ausblick auf die bayerischste aller Pflanzen

Manchmal wird er »Hopfenturm« genannt, doch klingt »Hopfenhimmel« zweifellos poetischer. Der Turm ist aus Stahl und verfügt über eine Wendeltreppe, die auf ein Plateau führt. Aus sechs Metern Höhe lässt es sich weit über die Landschaft blicken. Das grüne Gold, wie die Pflanze auch bezeichnet wird, ist ein Hanfgewächs und somit ein naher Verwandter des Cannabis. Der Hopfen mit seinen hübschen Dolden war, ist und bleibt ein kostbares Gut, sowohl für die Landwirte als auch für Biergenießer. Auf einer Anbaufläche von circa 17.000 Hektar wächst Hopfen in der Hallertau.

Hopfenfelder sind ein schöner Anblick, erfordern aber auch viel Arbeit. Ein altes Hallertauer Sprichwort besagt, dass der Hopfen jeden Tag seinen Herrn sehen will. Im März beginnt die Arbeit im Hopfengarten, geerntet wird ab Ende August. Wer den Hopfen in seiner ganzen Pracht erleben möchte, kann dies bis spätestens Mitte September, denn in den Sommermonaten gedeiht die Pflanze in ihrer schönsten und üppigsten Form. Die Zeit der Ernte hängt auch von der Hopfensorte ab. Die Pflanze wächst entlang der befestigten und nach rechts gedrehten Drähte in rasanter Geschwindigkeit empor. Täglich etwa zehn, mitunter sogar bis zu 30 Zentimeter. Das Gewächs erreicht eine imposante Höhe von bis zu sieben Metern.

Man muss nicht unbedingt gleich ein Hopfenfeld anlegen. Wer über einen Garten oder großen Balkon verfügt, kann den Hopfen während der warmen Monate als Zierpflanze oder Sichtschutz nutzen. Im Winter ist der Ausblick ein ganz anderer, weil vom Hopfen nichts zu sehen ist. Und trotzdem: Wenn über der Landschaft inmitten kahler Holzmaste eine weiße Schneedecke liegt, ist das Bild zwar ein vollkommen anderes, aber nicht minder reizvoll. Wer es aus zeitlichen Gründen nicht schafft, den Hopfenhimmel tagsüber zu besuchen: Bei Sonnenuntergang ist der Ausblick ebenfalls ganz wunderbar.

Adresse Willertshauser Straße, 84072 Au in der Hallertau | ÖPNV Buslinien 602, 681, 682, Haltestelle Reichertshausen | Anfahrt in Reichertshausen von der B 301 in die Willertshauser Straße, circa 150 Meter geradeaus, auf der rechten Seite ist ein Weg, links des Wegs der Hopfenturm | Tipp Von hier aus bietet sich ein 20-minütiger Spaziergang über den pittoresken Bockerlradweg zur Au in der Hallertau an (auf der Willertshauser Straße zurückgehen, die Bundesstraße überqueren, ein paar Schritte nach rechts, dann auf dem Mühlweg geradeaus weiter, nach circa 1,5 Kilometern links).

82__Die Brautlache

Ein tödlicher Hochzeitstag

Das »Waldwandergebiet Reichertshausen, Paunzhausen und Ilmmünster« wurde 2017 eröffnet. Es ist ein sehr schönes und interessantes Wegenetz. Man kann Touren kombinieren, eine Wanderung nach Belieben gestalten und je nach Laune kürzer oder länger planen. Auf einer Infotafel am Waldfriedhof gibt es eine Karte. Möchte man jedoch keinen langen Wanderweg auf sich nehmen, sondern direkt zur Brautlache kommen, bietet sich die schöne Etappe vom Friedhof in Reichertshausen bis zur Brautlache an. Bei normalem Schritttempo dauert der Spaziergang hin und zurück etwa eine Dreiviertelstunde.

Am Platz der Brautlache würde man wahrscheinlich einfach vorbeigehen, wäre da nicht das beschriftete Holzbrett und daneben ein Marterl mit einer Zeichnung der Verunglückten. Das Wort Brautlache nimmt einiges vorweg. Man kann sich schon denken, dass hier wahrscheinlich eine Braut zu Tode kam. Wann das passiert sein soll, ist nicht bekannt. Im Grunde spielt es auch keine Rolle. Auf das Tragisch-Emotionale kommt es letztlich an, ob es sich so zugetragen hat oder vielleicht nur die Eckdaten stimmen, wer weiß.

Was war geschehen? Ein junger Mann holte seine Braut in Paunzhausen ab, um sie nach Reichertshausen zu bringen, wo die Hochzeitsfeier stattfinden sollte. Sie fuhren in der Kutsche durch den Wald. Plötzlich scheuten die Pferde, woraufhin die Kutsche umfiel. Dem Bräutigam war es gelungen, rechtzeitig von der Kutsche zu springen, doch die Braut verunglückte. Tragischerweise fiel die Kutsche auf die junge Frau und begrub sie unter sich. Die feierlich gekleidete Braut war schwer verletzt und blutete stark. Weil es zuvor tagelang geregnet hatte, mischte sich das Blut mit dem Regenwasser, und die Frau ertrank in dieser Lache. Nachdem man die Kutsche angehoben hatte, fand man sie tot vor. Möglicherweise war die Kutsche in den Abgrund gestürzt, der sich hinter den Holzbrettern befindet.

Adresse Startpunkt: Waldfriedhof, Angerweg, 85293 Reichertshausen | Anfahrt B 13 bis Reichertshausen, in die Angerhofstraße und circa 200 Meter geradeaus, links in den Angerweg, nach 100 Metern kommt man zum Friedhof. Dem Angerweg zu Fuß Richtung Wald folgen, nach etwa 1,5 Kilometern findet man die Brautlache an einer Waldkreuzung auf der rechten Seite. | Tipp Bayerisch-französische Küche in gepflegter Wirtshausatmosphäre gibt es im Le p'tit Lolo (le-ptit-lolo.de, Kammererberg 21).

83 Die moderne Mariensäule

Mit aktuellen Botschaften am Brunnenrand

Normalerweise schmücken Mariensäulen und Brunnen seit Hunderten von Jahren den Hauptplatz jeder kleineren und größeren Stadt. Die frühesten Mariensäulen entstanden im Europa des 17. Jahrhunderts, Stadtbrunnen sind oftmals noch viel älter. In Reichertshofen dagegen findet man eine zeitgenössische Mariensäule mit Brunnen.

Wenn man am Hotel Posthalter vorbei Richtung Kirche geht, sieht man die Mariensäule mit Jesuskind. Der erste Gedanke dürfte bei den meisten sein: Nun ja, eine Mariensäule mit Brunnen eben. Schön, aber nichts Ungewöhnliches … Stimmt aber nicht, denn das moderne Kunstwerk ist sogar sehr ungewöhnlich. Eingeweiht wurde es im Jahr 1989 und ist durch und durch modern, Ausdruck unserer heutigen Zeit. Es lohnt sich, den Brunnen mit den vier Figuren näher zu betrachten, denn sie stehen für die durch Menschen verursachten Übel unserer Zeit.

Der Krieg wird von einem Soldaten mit Stahlhelm und Gasmaske versinnbildlicht, der in der rechten Hand eine Granate hält. Eine Figur verkörpert den Egoismus – ein Mann, der mit einer Hand abwehrt und mit der anderen seine Besitztümer festhält. Eine andere Figur kippt einen Mülleimer aus, während sie sich Mund und Nase zuhält, was die Umweltverschmutzung darstellt. Ein weiteres aktuelles Problem der Menschheit wird durch eine Frau mit Kopfhörer dargestellt, die auf ihrem Schoß einen Fernseher hält. Das Kunstwerk stammt von 1989, heute wäre es vielleicht kein Fernseher, sondern ein Handy oder Computer. Die Figur symbolisiert jedenfalls den Zerfall sozialer Beziehungen durch die modernen Medien.

Während der Planungsphase zur Umgestaltung des Platzes dachte man zunächst nur an eine Mariensäule, doch dann wurde entschieden, sie durch einen Brunnen zu ergänzen. Verschiedene Künstler reichten Projektvorschläge ein, von denen jener des Schrobenhausener Bildhauers Karl-Heinz Torge am meisten überzeugte.

Adresse Ecke Gartenstraße/Marktstraße (Innenhof, Zugang über Gartenstraße oder Herrnstraße), 85084 Reichertshofen | ÖPNV Buslinie 18, Haltestelle Schloßgasse | Anfahrt A 9, B 13, B 300, Ausfahrt Reichertshofen und Richtung Zentrum | Tipp In der nahe gelegenen Kirche Sankt Margaretha befinden sich geschnitzte Kunstwerke der Holzbildhauerin und Ordensschwester Bernardine Weber (Herrnstraße 7).

84 Die Schmeller-Gedenkstätte

Im Heimatort eines Mundartforschers

Johann Andreas Schmeller (1785–1852) stammte nicht aus der Hallertau, sondern gebürtig aus dem oberpfälzischen Tirschenreuth. Er verstarb in München und wurde dort beigesetzt. Nichtsdestotrotz gehört Schmeller zur Hallertau. Er fühlte sich der Region eng verbunden, in der er seine Kindheit verbrachte, und kam immer gern zurück, um seine Familie zu besuchen. Die Sehnsucht nach der Hallertau und seiner Familie wird auch in den Tagebucheinträgen deutlich. Das Elternhaus Schmellers in Rinnberg gibt es nicht mehr.

Wegen der schwierigen Lebensbedingungen ziehen die Eltern mit ihren Kindern nach Rinnberg (damals noch Rimberg), als Johann eineinhalb Jahre alt ist. Er ist ein überaus kluges Kind, was den Eltern nicht entgeht. Der Vater, ein Korbmacher, unterstützt seinen Sohn nach Leibeskräften, um ihm eine Schulbildung zu ermöglichen. Die Familie lebt zwar bescheiden, doch herrschen Harmonie und Zusammenhalt. Später findet der junge Schmeller einen Förderer in Pfarrer Anton Nagel, der ebenfalls schriftstellerisch tätig ist – von ihm stammt »Grundriß des Schelmenländels der Roßdiebe in der Hallertau«. Schmeller besucht die Gymnasien in Scheyern, Ingolstadt und München. Als Soldat und Lehrer arbeitet er in Spanien und der Schweiz. Neben anderen Erfolgen und Ehrungen erhält er den Ehrendoktor für Philosophie und ist Dozent an der Universität München.

Johann Andreas Schmeller beherrschte mehrere Sprachen, überhaupt forschte er gern über Sprachen – und Dialekte. Deshalb heißt sein bekanntestes Werk »Bayerisches Wörterbuch«. Es ist umfangreich, nämlich vierbändig, präzise verfasst, angereichert mit Sprichwörtern und Brauchtum, mit viel Wissen und der Passion für die Heimat. Kein Geringerer als Jacob Grimm lobte es als »meisterhaft«. In Schmellers Geburtsstadt Tirschenreuth steht ein Denkmal, in der Münchener Ruhmeshalle eine Büste – und in der Hallertau diese Gedenkstätte.

Adresse Rinnberg (Ortsmitte), 85296 Rohrbach | Anfahrt A 9 bis Rohrbach, auf Waaler Straße und durch die Orte Waal und Rohr in westlicher Richtung bis Rinnberg. Die Gedenkstätte ist zwischen den Hausnummern 9 und 11 auf der linken Seite. | Tipp Eine außergewöhnliche und moderne Kirchenarchitektur kann man in Rohrbach besichtigen, südlich des Schlosses. Die Kirche »Verklärung Christi auf dem Berge« wurde vom Architekten Alexander von Branca konzipiert, die zweijährige Bauzeit war 1961 abgeschlossen (geöffnet Di – So 10 – 16 Uhr, Kirchenweg 3).

85_Die Vertriebenen

Bescheidene Gedenktafeln und unzählige Einzeldramen

Die kleine Gedenktafel auf dem Friedhof erinnert an die Vertriebenen in Rohr. Insgesamt wurden etwa 14 Millionen Deutsche nach dem Zweiten Weltkrieg aus Teilen Ost- und Südosteuropas vertrieben. Die Flüchtlinge kamen zum Großteil ins heutige Bundesgebiet, in die Heimat ihrer Vorfahren, die einst aus wirtschaftlichen Gründen ausgewandert waren. Nach ihrer Ankunft schlug den verzweifelten und erschöpften Menschen viel Ablehnung entgegen. Das Land war zerstört, die Nation gebrochen, die Männer waren gefallen oder wurden vermisst, Hunger und Elend … Man sah die Flüchtlinge als zusätzliches Problem, »das einem gerade noch gefehlt hat«. Sie wurden als »Pack« und »Schmarotzer« beschimpft. Aus heutiger Sicht klingt das entsetzlich und unverständlich, doch bringen Verzweiflung und Not nicht immer das Beste im Menschen hervor.

Angesichts der Schrecken des Zweiten Weltkriegs ist das Thema der Vertriebenen ein wenig untergegangen und wird bis heute nebensächlich behandelt. Und im Ausland hat es ohnehin kaum Beachtung gefunden. Die Deutschen als Opfer? Davon wollte man nun wirklich nichts hören. Doch gab es nun einmal auch deutsche Opfer von Vertreibung. Nach dem Krieg waren sie im Land ihrer Vorfahren nicht willkommen – sofern sie überhaupt lebend ankamen. Wenn die Menschen überlebt hatten, waren sie traumatisiert und träumten noch Jahrzehnte später davon, in ihre Häuser zurückzukehren, die sie hatten verlassen müssen.

Gedenktafeln für die Heimatvertriebenen sind schlicht und beinahe unauffällig. Im Jahr 1955 wurde diese Gedenktafel auf dem Friedhof in Rohr angebracht. Der Friedhof, das Kloster Rohr und die Asamkirche befinden sich am Abt-Dominik-Prokop-Platz, benannt nach dem ebenfalls vertriebenen Benediktiner Dominik Prokop. Die Benediktinermönche wurden aus dem Kloster im tschechischen Braunau vertrieben. Unter ihrem Abt Dominik Prokop übernahmen sie 1946 die Pfarrei in Rohr.

Adresse Friedhof am Abt-Dominik-Prokop-Platz, 93352 Rohr in Niederbayern | **ÖPNV** mehrere Buslinien aus den umliegenden Städten fahren bis Rohr Rathaus/Zentrum oder Gymnasium Rohr | **Anfahrt** A 93 Richtung Abensberg, nach der Ausfahrt Wegweisern Kloster Rohr/Asamkirche folgen, neben der Asamkirche befindet sich der Friedhof, kurz hinter dem Eingang links neben der Treppe | **Öffnungszeiten** Sa–Mi 9–17 Uhr | **Tipp** Auch wenn es der Hochaltar ist, der viele Besucher in die Asamkirche lockt, sollte man nicht versäumen, den romanischen Taufbrunnen zu besichtigen, der Anfang des 13. Jahrhunderts aus Kalkstein gefertigt wurde.

86 Der Pestfriedhof

Es waren einmal dunkle Epochen …

Während der ersten Pestwelle um 1350 wurde dieser Friedhof errichtet. Die Seuche wurde aus dem Orient über Schiffe in die europäischen Häfen eingeschleppt und breitete sich extrem schnell aus. Während dieser Zeit starb vermutlich jeder dritte Europäer an der Krankheit. Doch der sogenannte Schwarze Tod brach noch in mehreren Wellen herein, auch der Dreißigjährige Krieg sorgte durch kreuz und quer umherziehende Soldaten und bittere Armut für eine rasche Ausbreitung. In Europa muss man sich heute über die Pest keine Sorgen machen, zumal sie mit Antibiotika behandelbar ist. Doch ausgerottet ist sie bis heute nicht und flammt in manchen Gebieten Afrikas, Asiens und Südamerikas immer wieder auf.

Um zum Pestfriedhof zu gelangen, muss man über ein Firmengelände gehen, was jedoch toleriert wird, da man ein solches Kulturgut natürlich besichtigen möchte. Der Friedhof wurde seinerzeit an dieser Stelle errichtet, weil sich in Gisseltshausen (heute ein Stadtteil Rottenburgs) die Pfarrkirche befand. Bis zum Jahr 1830 wurden die Toten aus Rottenburg auf dem Friedhof in Gisseltshausen begraben.

Der mit Gras bewachsene Pestfriedhof ist knapp zehn Meter breit und zwölf Meter lang. An der gegenüberliegenden Wand ist eine Gedenktafel befestigt. Sie erinnert an zwei Offiziere eines k. u. k. Infanterieregiments, die 1809 in einem Gefecht bei Rottenburg den Heldentod fanden und hier bestattet wurden. Vor der Gedenktafel sind Blumen und seitlich je zwei eiserne Kreuze. Dass der Pestfriedhof über beinahe sieben Jahrhunderte bestehen konnte, ist freilich dem Engagement einiger Menschen zu verdanken, nicht zuletzt der Kirchengemeinde Gisseltshausen. Es gibt nur noch wenige solcher Pestfriedhöfe, was aufgrund der vielen seither vergangenen Jahre nicht verwunderlich ist. Umso bemerkenswerter, dass Rottenburg einen der ältesten Pestfriedhöfe aufzuweisen hat, der bis heute bewahrt werden konnte.

Adresse Max-von Müller-Straße 72/74, 84056 Rottenburg an der Laaber | ÖPNV Mehrere Buslinien aus den umliegenden Städten fahren bis Rottenburg Bahnhof. | Anfahrt B 299 bis Pfeffenhausen, auf der Rottenburger Straße Richtung Nordosten, nach circa sechs Kilometern in Rottenburg rechts in die Max-von-Müller-Straße, bei der Hausnummer 72 zu Fuß auf das Firmengelände, dann links (das Auto nicht vor dem kleinen Gebäude neben dem Zugang parken – Strafzettelgefahr!) | Tipp Wer einen Blick auf das schlichte Schloss Gisseltshausen werfen möchte: Dort soll angeblich eine Zeit lang die Tänzerin Lola Montez gewohnt haben, die Geliebte von König Ludwig I. von Bayern. Sie soll der Grund für die Münchener Märzrevolution 1848 gewesen sein (zwischen Max-von-Müller-Straße und Fliederstraße).

87 Die Citroën-Sammlung

Exponate einer faszinierenden Automarke

Auf dem zehn Hektar großen bewaldeten Gelände befand sich früher ein Munitionsdepot der Bundeswehr. Aus dieser Zeit stammen auch die 16 Bunker, in denen heute die meisten der französischen Fahrzeuge untergebracht sind. Zusätzlich wurde vom Ehepaar Peters 2010 am Eingangsbereich eine große Halle mit Fotovoltaik errichtet.

Nachdem Franz Peters mit 17 durch einen Schulkameraden den 2 CV kennenlernte, war er begeistert. Gemeinsam mit seiner Frau Maria bereiste er mit der »Ente« ganz Europa und sogar Nordafrika. »Fürs Reisen das perfekte Auto«, schwärmt er. Anfang der 1980er Jahre begann Peters mit der Sammlung. Seine Frau unterstützte das Projekt von Anfang an. Beide haben viel Zeit, Geld und Herzblut investiert.

Insgesamt sind es heute 120 Exemplare, von denen Franz Peters zehn bis 15 regelmäßig fährt. Ihn interessieren besonders die Geschichten der Citroëns, die er kauft. Viele Vorbesitzer haben ihr Auto jahrzehntelang gefahren. Die Oldtimer sind in ihrem Originalzustand. Franz Peters restauriert nicht, die Gebrauchsspuren bleiben. Ein interessantes Detail: In einem der Bunker findet sich die Preisliste von 1972. Von den Modellen ist eines faszinierender als das andere, darunter der schwarze Traction Avant (bekannt als »Gangster-Limousine«), Baujahr 1934 – damals schon mit Frontantrieb.

Franz Peters erläutert die technischen Vorteile eines Citroëns auch für Laien anschaulich und nachvollziehbar. Aufschlussreich ist auch, weshalb Citroën als Vorreiter die Autoindustrie maßgeblich revolutionierte. Wer glaubt, dass dieses Automuseum nur für Citroën-Liebhaber sehenswert ist, der irrt. Unwissende werden eine neue Seite an sich entdecken: Eine Führung dauert etwa 1,5 Stunden, und die Zeit vergeht wie im Flug. Plötzlich könnte man sich den ganzen Tag lang über Autos unterhalten. Nach dem Besuch möchte man am liebsten loslaufen und sich einen alten Citroën kaufen.

Adresse André-Citroën-Straße 1, 84048 Sandelzhausen, citroen-sammlung-peters.de | **Anfahrt** B 301, im Süden Mainburgs die Ausfahrt Landshut / Sandelzhausen nehmen, circa 700 Meter auf der Äußeren Landshuter Straße fahren, dann links in die Thalhamer Straße, nach gut einem Kilometer links, um der Thalhamer Straße zu folgen, nach circa 300 Metern rechts in die André-Citroën-Straße; Herr Peters öffnet das Tor nach Terminvereinbarung | **Öffnungszeiten** Anmeldung für eine Führung (mindestens vier Personen): Tel. 0173/9448512 oder E-Mail: citroenpeters@aol.com | **Tipp** Wenn man durch Sandelzhausen fährt, sollte man einen Zwischenstopp in der »Route ST 2049 Food Bar« einlegen – ein sehr cooler American Diner, gegessen wird in einem amerikanischen Schulbus (täglich 9–21 Uhr, Äußere Landshuter Straße 38).

88 Die ausgediente Glocke

Früher konnte man sie hören, heute ansehen

Wenige Schritte südlich der Basilika wurde die alte Herz-Jesu-Glocke aufgestellt. Eine gleichnamige Glocke jüngeren Datums befindet sich im Glockenturm. Ihrer langen Dienstzeit gebührend hat man der größten Gussstahlglocke Bayerns einen schönen Platz zugeteilt und den Klosterhof um ein Schmuckstück bereichert.

Die Herz-Jesu-Glocke ist die große Glocke des fünfstimmigen Gussstahlgeläuts, das 1947 nach Scheyern kam. Sie hat einen Durchmesser von 2,40 Meter und ist 2,10 Meter hoch. Ihr Gewicht beträgt stolze 6,2 Tonnen. Über 60 Jahre war regelmäßig ihr Läuten aus dem Glockenstuhl zu hören, doch dann musste das Geläut wegen Materialermüdung gegen ein 14-stimmiges Bronzegeläut ausgetauscht werden. Auch der Glockenstuhl war mittlerweile betagt und musste erneuert werden.

Die Herz-Jesu-Glocke war die erste von fünf Gussstahlglocken, die 2009 aus dem Turm der Basilika gehoben wurden. Neben den neuen Glocken, die in Passau gegossen wurden, sind zwei alte Glocken in das neue Geläut einbezogen worden. Die Glocke »Martin und Korbinian« stammt aus dem Jahr 1816, die Josefs-Glocke aus dem Jahr 1921. Bemerkenswert ist, dass die ältere der beiden Glocken sogar beide Weltkriege überstanden hat, als unzählige Kirchenglocken für die Rüstungsindustrie eingeschmolzen wurden. Auch das Kloster Scheyern musste zu diesem Zweck mehrere Glocken opfern.

Im Turm der Basilika ist die Christus-Salvator-Glocke mit einem Gewicht von gut zehn Tonnen die schwerste und zugleich tontiefste im Freistaat. Stahlglocken sind generell schwerer als jene aus Bronze, die aber um einiges mehr kosten als Stahlglocken. Die Spendenbereitschaft der Gläubigen hat es sowohl 1947 als auch 2009 ermöglicht, die Basilika mit würdigem Geläut auszustatten. Insbesondere kurz nach dem Zweiten Weltkrieg bedeutete das für die Menschen harte Einschränkungen und Verzicht für sich und die Familie.

Adresse Schyrenplatz 1, 85298 Scheyern | ÖPNV Buslinie 2941, 2942, Haltestelle Klosterportal | Anfahrt B 13 bis Ilmmünster, auf Scheyerer Straße und nach Scheyern, den Wegweisern zum Kloster folgen, vom Parkplatz auf dem Klosterberg (und an der Klosterschenke vorbei) Richtung Klosterbrauerei, rechts durch den Torbogen in den Hof gehen | Tipp Im Kreuzgang findet sich eine kleine Gedenktafel mit der Aufschrift »R.P. Josephus Peruschitz, O.S.B.« und darunter »qui in nave ista Titanica«. Der Pfarrer aus Scheyern kam auf der »Titanic« ums Leben, als er freiwillig auf einen Platz im Rettungsbot verzichtete und stattdessen Kindern und Frauen in die Boote half. Sein Leichnam wurde nie geborgen.

89 Der Sauweiher

Lebensraum einer aussterbenden Pflanze

Das Kloster Scheyern ist zweifellos einen Besuch wert. Es gilt als Wiege des bayerischen Adelsgeschlechts Wittelsbach und bietet einiges Sehenswertes, mitsamt seiner seit 1119 bestehenden Brauerei und der Klosterschenke. Doch lohnen sich nicht nur eine Kulturbesichtigung und das Scheyerner Bier, sondern auch ein Abstecher in die Natur, abseits der Touristengruppen. An den Weihern gibt es keine Namens- oder Infotafeln, weshalb viele nicht wissen, wie interessant der sogenannte Sauweiher ist. Unter und auf seiner Oberfläche ist nämlich eine biologische Rarität zu Hause: die Wassernuss, *Trapa natans*, auch Wasserkastanie genannt. Sie ist vom Aussterben bedroht und steht auf der Roten Liste und unter Naturschutz.

Verbreitet ist sie heute in Teilen Süd- und Osteuropas sowie Asiens und Nordamerikas. Bei guten Voraussetzungen entwickelt und vermehrt sie sich stetig. Während die Pflanze in Deutschland im Winter abstirbt, kann sie in warmen Klimazonen überdauern. In der Steinzeit war die Wassernuss ein verbreitetes und beliebtes Nahrungsmittel, was Funde von Fruchtschalen belegen. Eine beliebte Speise ist sie längst nicht mehr, auch ging ihr Bestand dramatisch zurück. Anfang der 1980er Jahre gab es im Sauweiher noch bis zu 300 Pflanzen. Aufgrund von Klimaveränderungen konnte die Wassernuss ab 1984 nicht mehr bestehen, allerdings konnten dank intensiver Maßnahmen ab 1987 einige Pflanzen wieder aufgebaut werden.

An der Wasseroberfläche kann man die Wassernuss deutlich sehen, beziehungsweise ihre fächerförmigen Blätter und Stiele. Im Herbst färben sich die grünen Blätter rot und sterben ab. Ihre Blütezeit beginnt im Juni und dauert bis August. Der Stängel reicht tief ins Wasser und ist mit der dornigen Frucht verbunden, die wie ein Anker bis zu 60 Zentimeter im Boden steckt. Im Jahr 2011 wurde der Wassernuss die Ehre zuteil, zur Wasserpflanze des Jahres ernannt zu werden.

Adresse südlich des Prielhofs, 85298 Scheyern | ÖPNV Buslinie 2941, 2942, Haltestelle Klosterportal | Anfahrt B 13 bis Ilmmünster, auf Scheyerer Straße und nach Scheyern, den Wegweisern zum Kloster folgen, vom Parkplatz auf dem Klosterberg (und an der Klosterschenke vorbei) Richtung Klosterbrauerei gehen, den Gehweg Schöneck links der Straße nehmen, links kommt man an einem Parkplatz vorbei, den Weg rechts bergab nehmen, an seinem Ende links, der zweite Weiher ist der Sauweiher | Tipp Geht man circa 80 Meter nördlich zum Prielhof, ist man am Startpunkt des Planetenwegs, einer lehrreichen und landschaftlich schönen Wandertour von etwa zwei Stunden.

90 Die Bunker

Ehemaliges Staatsgeheimnis im Hagenauer Forst

Wenn man durch den Hagenauer Forst geht, muss man gezielt suchen, um die Trümmer aus der Nazizeit zu entdecken. Es handelt sich um verfallene Reste, die zu den Rüstungsfabriken »Hiag« und »Paraxol« gehören. Lange Zeit erfuhr man kaum etwas über die Anlage – und was in diesem Wald vor sich gegangen ist. Mittlerweile weiß man mehr über das dunkle Geheimnis des Areals und der Bunker. Auch wenn es bis heute unbeantwortete Fragen gibt, konnten mittlerweile einige Gerüchte entkräftet und interessante Informationen gesammelt werden. Seit einigen Jahren engagiert sich der Heimatforscher und ehemalige MBDA-Mitarbeiter Wolfgang Haas für das Thema. Das Rüstungsunternehmen MBDA befindet sich am Standort der ehemaligen Firmen Hiag und Paraxol. Haas hat seine Rechercheergebnisse in Buchform zusammengefasst und hält Vorträge zum Thema.

Mit dem Bau der Anlagen wurde noch vor Beginn des Zweiten Weltkriegs begonnen. Für den Hagenauer Forst entschied man sich unter anderem deshalb, weil er dicht bewachsen war. Produziert wurde ab 1942 Pentaerythrit, eine Vorstufe von Sprengstoff, das für Munition und Bomben verwendet wurde. Zur Herstellung von Pentaerythrit benötigte man Basisstoffe, die von Paraxol hergestellt beziehungsweise weiterbearbeitet und dann in den Bunkern gelagert wurden. Sämtliche Baupläne der Anlage wurden mit dem Vermerk »Staatsgeheimnis« versehen. Die Arbeiter sollen durch die Gestapo auch in ihrer arbeitsfreien Zeit immerzu streng überwacht worden sein.

Im Jahr 1947 wurden die Bunker demontiert und im darauffolgenden Jahr von den Amerikanern gesprengt. Die mit Moos bewachsenen und von Pflanzen überwucherten Trümmer sollten nur aus der Distanz betrachtet werden! Angeblich gab es in der Nachkriegszeit auf dem Gelände einige Todesfälle. Auch wenn keine akute Gefahr besteht und der Bereich nicht abgesperrt ist, sollte man einen Sicherheitsabstand wahren.

Adresse Startpunkt: Parkplatz Kolping-Naturlehrpfand, Pöttmeser Straße, 86529 Schrobenhausen | Anfahrt B 300 bis Schrobenhausen, auf der Pöttmeser Straße nach Westen fahren, kurz darauf in den Wald, rechts steht eine Steinsäule mit Vogel – hier auf den Parkplatz fahren; zu Fuß in Fahrtrichtung auf der Straße circa 70 Meter gehen, links in den Wald, nach etwa 400 Metern (40 Meter bevor man zur Wiese kommt) verläuft links ein verwilderter Pfad, etwa 50 Meter geradeaus | Tipp Wenn man der Straße aus Schrobenhausen folgt, kommt man nach wenigen Kilometern nach Sandizell. Vor dem Schloss stehen eine alte Dorfwaage in einem Glaskasten und ein außergewöhnlicher Brunnen, der die Zeitenwende nach dem Krieg symbolisiert (Schloßstraße, zwischen Schloss und Feuerwehrhaus).

91 Das Goachat

Eine wunderbare Natur im Paartal

Es ist eine besondere Landschaft: das Goachat, wo sich die Paar malerisch hindurchschlängelt. Der Fluss hat eine Länge von 134 Kilometern, entspringt bei Schloss Kaltenberg (circa zehn Kilometer nordwestlich des Ammersees) und mündet bei Vohburg in die Donau. Goachat soll vom altbayerischen Wort für Eiche stammen. Da Eiche im heutigen Bayerisch ja Oacha heißt, hat sich das Wort im Laufe der Zeit etwas verändert. Der Ursprung des Namens lässt freilich auf einen ehemals hohen Bestand an Eichen schließen.

Das Gebiet ist ein Naturschatz. Wiesen und Auen, Schilf, üppige Bäume, die kurvenreiche Paar … Ein weiterer Pluspunkt ist, dass es nur zehn Minuten Fußweg von der Altstadt entfernt liegt. Das Goachat ist zu jeder Jahreszeit einen Besuch wert. Es ist kein Naturschutzgebiet, aber als FFH-Gebiet (Flora-Fauna-Habitat) ausgewiesen. Seit vielen Jahren engagiert sich das Aktionsbündnis »Rettet das Goachat« für das Naturareal im Paartal. Es soll verhindert werden, dass der Landstrich samt seines wertvollen Ökosystems durch Straßenausbau oder intensive Landwirtschaft zerstört wird. Solche Naturkostbarkeiten sind sowohl für die Menschen als auch für Tiere und Pflanzen von unschätzbarem Wert.

Seit den 1980er Jahren stehen Pläne an, die B 300 im Süden und die ND 3 (Hörzhausener Straße Richtung Westen) im Norden zu verbinden, was bedeuten würde, dass mitten durch das Goachat eine Straße verliefe. Dass viele Schrobenhausener das als verheerend empfinden, ist allzu verständlich. Zu den Argumenten der Gegenseite gehört, dass viele Autos durch die Stadt fahren und sich Staus bilden, was umweltbelastend ist. Letztlich werden die Einwohner selbst entscheiden, wie es mit ihrem Goachat weitergehen soll. Vielleicht wird sich irgendwann eine zufriedenstellende Lösung ergeben, um sowohl Staus zu vermeiden als auch das Goachat vollständig zu erhalten. Wer weiß …

Adresse an der B 300 – das Goachat liegt im Paartal zwischen Hörzhausen und Schrobenhausen, 86529 Schrobenhausen | ÖPNV Linie SOB (Stadtbus), Haltestelle Augsburger Straße | Anfahrt in Schrobenhausen auf Augsburger Straße Richtung Südwesten, kurz vor der B 300 rechts und auf der asphaltierten Straße (parallel zur B 300) geradeaus bis zur nächsten Parkmöglichkeit | Tipp In Hörzhausen ist die »Kaminstube Eder« eine empfehlenswerte Adresse, besonders für Grill- und Fleischliebhaber. Regionale Produkte und nette Atmosphäre, mit Außenbereich (Di–Sa ab 17.30, Bernbacher Straße 3).

92 Der Lenbachturm

Ein kleines Gebäude mit unterschiedlicher Nutzung

Der Künstler Franz von Lenbach (1836–1904) ist in Schrobenhausen sehr präsent. Wenn man vor seinem Geburtshaus und dem heutigen Museum steht, ist links der Turm. Ziemlich unspektakulär sieht das kleine Gebäude aus, dabei hat es durchaus eine interessante Geschichte zu erzählen. Der Lenbachturm ist einer von zwölf Türmen der Stadtbefestigungsanlage, die erstaunlich gut erhalten ist. Anfang des 15. Jahrhunderts entstand sie samt einigen Wehrtürmen, andere Türme kamen erst später hinzu. Nachdem die Wehrtürme ausgedient hatten, wurden sie als Wohnungen genutzt. Manche sind vermietet worden, andere wurden kostenfrei zur Verfügung gestellt. Aus den Namen der Türme wird klar, wer früher darin gewohnt hat. Zum Beispiel: Hebammenturm, Pflastererturm oder Totengräberturm.

Der Lenbachturm, wie er heute genannt wird, wurde gemeinsam mit der Stadtmauer als Wehrturm errichtet. Ende des 18. Jahrhunderts bekam er eine andere Funktion, als er dem Stadtboten als kostenfreie Wohnung diente. Weil der Bote für die Verbindung von Schrobenhausen nach München zuständig war, hieß der Turm bis 1823 Münchener Botenturm. In besagtem Jahr kaufte der Stadtmaurermeister Joseph Lenbach den Turm, der Vater des berühmten Kunstmalers. Bedauerlicherweise ließ Joseph Lenbach einen Teil der Stadtmauer niederreißen, um an dieser Stelle sein Wohnhaus zu bauen. Den Turm nutzte er als Lagerraum für sein Werkzeug und Baumaterial. Dass er einen Teil der Stadtmauer zerstörte, soll ihm vergeben sein, denn immerhin hat er durch den Hausbau ein Baudenkmal in Schrobenhausen hinterlassen.

Seitdem wird der ehemalige Botenturm Lenbachturm genannt. Als Wohnstätte diente er seit dem Kauf durch Lenbach nicht mehr. Ab Anfang der 2000er Jahre war im Lenbachturm für mehrere Jahre eine öffentliche Toilette eingerichtet. Groß ist er nicht, weshalb seine Nutzungsmöglichkeiten begrenzt sind.

Adresse Ecke Ulrich-Peißer-Gasse / Am Hofgraben, 86529 Schrobenhausen | **ÖPNV** Linie SOB (Stadtbus), Haltestelle Am Oberen Tor | **Anfahrt** B 300 bis Schrobenhausen und Richtung Stadtkern, am Bürgermeister-Stocker-Ring parken. Der Lenbachturm steht am südwestlichen Teil der Stadtmauer. | **Tipp** Auch wenn das Lenbach- und das Spargelmuseum die meistbesuchten Museen der Stadt sind, sollte man das Handwerkermuseum nicht versäumen. Untergebracht ist es in einem Haus aus dem Jahr 1478, in dem einst Handwerker mit ihren Familien lebten (Mai–Juni Sa, So und Feiertage 14–17 Uhr, Juli–Sept. Sa, So und Feiertage 14–16 Uhr, In der Lachen 1).

93 Der Mühlstein

Ein Geschenk aus der Heimatstadt eines Österreichers

Perg liegt nahe Linz und ist seit 1989 eine Partnerstadt von Schrobenhausen. Außerdem liegt Perg in der Machlandebene. Der dort gewonnene Sandstein war für die Mühlensteinbrüche ideal. Seit dem 14. Jahrhundert wurden in Perg Mühlsteine in großer Zahl hergestellt und exportiert, bis die Industrialisierung Veränderungen mit sich brachte und die Nachfrage drastisch sank. Anfang des 20. Jahrhunderts starb der Beruf des Mühlsteinbrechers aus.

Auf dem grauen Stein unter dem Mühlstein ist zu lesen, die Partnerschaft von Schrobenhausen und Perg solle die Aktivitäten in kultureller, sportlicher, gesellschaftlicher und wirtschaftlicher Hinsicht fördern und unterstützen. Dieses Geschenk aus Perg und die Partnerschaft zwischen den Städten haben etwas mit einem von dort stammenden Einwohner Schrobenhausens zu tun – und mit den historischen Ereignissen.

Martin Neugschwendner (oder Neugschwendtner) wird 1653 in Perg geboren und kommt im Alter von 24 Jahren als Seilergeselle nach Schrobenhausen, wo er zwei Jahre später heiratet. Im Laufe der folgenden Jahre wird er Seilermeister und Ratsherr. Im Spanischen Erbfolgekrieg stehen die englischen Soldaten 1704 zahlreich vor den Toren der Stadt. Österreich ist mit England gegen Frankreich verbündet. Der gebürtige Österreicher Neugschwendner möchte als Bote nach Friedberg mitmarschieren, um beim Herzog von Marlborough einen Schutzbrief für Schrobenhausen zu erbitten. Mit Erfolg. Sein tapferer Einsatz bewahrt Schrobenhausen vor der Zerstörung.

Er stirbt vier Jahre später im Alter von 55 Jahren. Heute ist der Perger Platz nach der Heimatstadt des mutigen Schrobenhauseners benannt. Im Haus Lenbachstraße 5 ist ein Café, und es wird bis heute das Neugschwendnerhaus oder Seilerhaus genannt. In ihm lebte und arbeitete Martin Neugschwendner, von dem Jahr seiner Heirat bis zu seinem Tod. An der Hauswand erinnert seit 1929 eine Gedenktafel an ihn.

Adresse Perger Platz, 86529 Schrobenhausen | **ÖPNV** Linie SOB (Stadtbus), Haltestelle Am Oberen Tor | **Anfahrt** B 300 bis Schrobenhausen und Richtung Stadtkern, am Bürgermeister-Stocker-Ring parken. Der Perger Platz liegt am nördlichen Rand der Altstadt. | **Tipp** In dieser Stadt haben sogar die Kanaldeckel Stil. Ein paar Schritte weiter südlich des Mühlsteins sieht man einen Kanaldeckel mit dem bekannten Slogan: »Lenbach- und Spargelstadt Schrobenhausen«, in der Mitte das Stadtwappen.

94__Die Störche

Ein dekorativer Brauereischornstein

Storchennester kann man in der Hallertau in mehreren kleineren und größeren Städten entdecken. Aber die Störche in Siegenburg geben mit ihrem Nest auf dem stillgelegten Brauereikamin ein besonderes Bild ab. Das Gebäude der Privatbrauerei Schmidmayer steht auf einer Anhöhe, weshalb es auch »Der Bräu vom Berg« genannt wurde und bis heute unter dieser Bezeichnung bekannt ist. Schon von Weitem ist der Schornstein zu sehen.

Nach ihrer Rückkehr aus Afrika im Frühjahr bringen die Störche das Nest in Ordnung, ähnlich wie der Frühjahrsputz bei Menschen. Störche haben ein festes Zuhause und fliegen immer in dasselbe Nest. Manchmal über einen langen Zeitraum, denn bei guter Gesundheit kann ein Storch ein Lebensalter von etwa 30 Jahren erreichen. Bei Storchenpaaren sind beide Partner für den Nachwuchs und die Nahrung zuständig. Es sind treue Tiere, die sich lebenslang aneinander binden können. Immer mehr dieser Zugvögel machen sich mittlerweile nicht mehr auf den langen und beschwerlichen Weg nach Afrika, sondern fliegen nur bis Südeuropa oder überwintern hierzulande.

Während der letzten 100 Jahre hat der Weißstorchenbestand variiert. Bei der Storchenzählung 1934 gab es auf dem Gebiet der heutigen Bundesrepublik etwa 9.000 Storchenpaare, im Jahr 1988 waren es keine 3.000, doch seitdem hat sich der Bestand verbessert, und die Zählung von 2019 ergab 7.532 Storchenpaare. Somit wurde der Storch von der Roten Liste gefährdeter Tierarten gestrichen. Ob dieser positive Trend anhält, wird sich zeigen. Sein Lebensraum sind Auen und Flussniederungen, Wiesen und Weiden. Probleme bereiten den Störchen die Veränderungen, die die moderne Welt mit sich bringt – verdichtete Landwirtschaft und Trockenlegungen, aber auch Windräder und Stromleitungen. Im Jahr 2018 bekamen die Siegenburger Störche ein neues Nest. Der Brauereischornstein mit den Störchen sieht einfach entzückend aus!

Adresse Hopfenstraße 3, 93354 Siegenburg | ÖPNV Buslinie 6018, Haltestelle Marienplatz/Zentrum | Anfahrt A 93, B 299 oder B 301, Richtung Zentrum fahren | Tipp Seit 2018 gibt es die Laabertaler Storchenroute. Sie ist eine Teilstrecke des Großen-Laaber-Radwegs und beinhaltet neun Stationen (rottenburg-laaber.de).

95 Die Buddhastatue

Anerkennung für einen weltoffenen Katholiken

Als wahrscheinlich gilt, dass der Ortsname auf eine aus Stein erbaute Kirche zurückgeht, was lange zurückliegt. Irische Mönche sollen sich im 8. Jahrhundert hier niedergelassen haben. Das Gebiet diente konstant sakralen Zwecken, nach der Säkularisation Anfang des 19. Jahrhunderts lag das Gelände lange brach.

In den 1950er Jahren haben es dann die Herz-Jesu-Missionare erworben. So entstand 1984 die Oase Steinerskirchen, als kleinste Pfarrei des Bistums Augsburg. Die Leitmotive der Missionare sind Lebensorientierung, Glaubensvertiefung, Meditation und Begegnung.

Es ist ziemlich überraschend, dass man hier eine Buddhastatue findet, mitten im katholischen Bayern, und schließlich sind auch die Herz-Jesu-Missionare eine katholische Ordensgemeinschaft. Die Statue war ein Geschenk an Pfarrer Toni Ringseisen, der von 2007 bis 2014 in Steinerskirchen tätig war. Als Anerkennung für die weltoffene Spiritualität der Herz-Jesu-Missionare. Ein schönes Kompliment: weltoffen – ein großes Wort. Zur Wahrheit gehört eben auch, dass die katholische Kirche generell nicht immer weltoffen ist. Und auf der Webseite der Herz-Jesu-Missionare sind, Stand Herbst 2022, auf der Begrüßungsseite als Erstes die Worte »Wir sind eine Männergemeinschaft« zu lesen. Das dürfte ebenfalls eines der Probleme sein, weshalb die katholische Kirche in einer tiefen Krise steckt. Was wäre sie ohne den Einsatz von Frauen?

Allerdings sei ausdrücklich erwähnt, dass die Oase Steinerskirchen ihre Kurse und Programme jedem Menschen anbietet, unabhängig von Konfession und Weltanschauung. Die Buddhastatue hat einen schönen Platz bekommen, auch wenn man ein bisschen suchen muss, um sie zu finden. Genau genommen ist es nicht Buddha, der dargestellt wird, sondern ein buddhistischer Schüler während seiner Meditation. Seit 2010 ist die Oase Steinerskirchen das Zuhause dieser Statue.

Adresse Startpunkt: Steinerskirchener Straße, 86558 Hohenwart | Anfahrt In Pörnbach auf der B 13 (Ingolstädter Straße) vier Kilometer Richtung Nordwesten, den Wegweisern »Oase Steinerskirchen« folgen. Neben der Oase (Bildungshaus der Ordensgemeinschaft) ist ein Parkplatz. Zwischen dem Bildungshaus und der Kirche führt eine Treppe nach unten (links neben der Kirche). Die Statue ist am Fuß der Treppe links. | Tipp Eine weitere Treppe nach unten führt zu einem Fischweiher. Ein beschaulicher Platz, wo man auf einer Bank eine Rast einlegen kann.

96 Die Friedensglocken

Von der tödlichen Waffe zum Friedenssymbol

Der 20. Weltjugendtag 2005 war ein guter Anlass, ein Symbol des Friedens zu schaffen. Die vier Glocken wurden aus den Köpfen von Fliegerbomben hergestellt: aus einer deutschen (70 Kilo), einer britischen (453 Kilo) und zwei amerikanischen (453 und 226 Kilo). Dabei handelt es sich um Blindgänger aus dem Zweiten Weltkrieg, die erst viele Jahre nach ihrem Abwurf entdeckt wurden. Tod und Zerstörung sollten sie ursprünglich bringen, doch jetzt symbolisieren sie das Gegenteil und mahnen uns zum Frieden.

An der linken Seite des Glockenstuhls ist ein holzumrahmter Glaskasten mit vielen Blättern. Auf dem ersten steht: »Geschaffen, um zu töten, klingen wir für den Frieden in der Welt!« Daneben das sogenannte Gebet der Vereinten Nationen. Der Text war Teil einer Radioansprache des US-Präsidenten Franklin D. Roosevelt von 1942, also drei Jahre vor Gründung der Vereinten Nationen. Auch eine Liste der Namen von Helfern und Unterstützern, die das Projekt ermöglicht haben, fehlt nicht. Innenministerium, Firmen, Handwerker … Die schöne Idee und die daraus folgende Initiative gehen auf die ortsansässigen Herz-Jesu-Missionare zurück.

Die Glocken sind durch Kreativität und Umgestaltung erst zu Glocken geworden. Bizarrerweise haben in der Vergangenheit Glocken oftmals für Leid und Zerstörung gesorgt, wenn auch indirekt. Während der beiden Weltkriege wurden Kirchenglocken vom Staat zwangseingezogen, und das eingeschmolzene Material wurde in der Rüstungsindustrie verwendet. Im Ersten Weltkrieg sollen es etwa 65.000 und im Zweiten Weltkrieg sogar 100.000 Glocken gewesen sein.

Im Inneren des Glockenstuhls ist auf der linken Seite ein Haltebrett aus Holz mit mehreren Hämmern, sowohl aus Holz als auch aus Eisen. Wenn man mit einem dieser Hämmer auf die Glocken schlägt, ertönen unterschiedliche angenehme Klänge aus den Glocken, die einmal Bomben waren.

Adresse Startpunkt: Steinerskirchener Straße, 86558 Hohenwart | Anfahrt In Pörnbach auf der B 13 (Ingolstädter Straße) vier Kilometer Richtung Nordwesten, den Wegweisern »Oase Steinerskirchen« folgen. Neben der Oase (Bildungshaus der Ordensgemeinschaft) ist ein Parkplatz. Von dort aus rechts in südwestliche Richtung gehen, dem Wegweiser »Friedensglocken« folgen. | Tipp Wenn man den Ort wieder verlässt (kurz nachdem man bergab gefahren ist), befindet sich rechts auf einem steilen Hügel die Chevalier-Quelle, deren Wasser über ein hölzernes Mühlrad läuft – ein schönes Fotomotiv.

97 Der Kastlberg

Dem Hallertauer Schutzpatron zur Ehre

Die Kapelle und die Wallfahrtskirche auf dem Kastlberg sind beide dem heiligen Kastulus (auch Castulus) geweiht. Er lebte im 3. Jahrhundert und starb während der Christenverfolgung in Rom den Märtyrertod. Seine Reliquien wurden von Pavia nach Moosburg an der Isar überführt, seit 1604 befinden sie sich in der Martinskirche in Landshut. Eine Reliquie soll angeblich auch nach Sankt Kastl gebracht worden sein. Aus einer ehemaligen Sklavenfamilie stammend, war Kastulus gesellschaftlich aufgestiegen und als Speisemeister für Diokletian tätig. Als tiefgläubiger Christ half Kastulus verfolgten Christen und hielt sie versteckt. Zur Strafe wurde er gefoltert und lebendig begraben, weshalb er häufig mit einem Spaten dargestellt wird.

Am Kastlberg bilden die spätgotische Wallfahrtskirche von 1447 und die barocke Kapelle (in ihrer heutigen Form Anfang des 18. Jahrhunderts errichtet) eine Einheit, die repräsentativ für die Anbetung von Sankt Kastulus und die Wallfahrten steht, die besonders zwischen dem 15. und 19. Jahrhundert populär waren. Laut einer Sage ist der Heilige am Kastlberg (damals Stephansberg) einem frommen Hirten erschienen, dessen krankes Vieh daraufhin Genesung fand.

Der Kastlberg ist die höchste Erhebung im Markt Reichertshofen und in jeder Hinsicht ein historischer Ort. Östlich der Kirche steht eine 500 Jahre alte Linde. In der Kirche befinden sich mehrere Darstellungen von Sankt Kastulus. Unter anderem eine kleinere Figur aus dem Jahr 1530 in der Mitte des Altars sowie eine größere, mit dem Stadtwappen von Moosburg, links des Altars. Der Heilige, der in Bayern liebevoll Sankt Kastl genannt wird, ist Patron der Bauern und Hirten, Stadtpatron von Moosburg – und der Schutzpatron der Hallertau. Das Holledauer Schimmellied beginnt mit: »O heiliger St. Castulus und unsre liabe Frau, Ihr werd's uns woi no kena, mir san vo da Holledau.«

Adresse Weiler St. Kastl, 85084 Reichertshofen | ÖPNV Buslinie 18 in Langenbruck, Haltestelle Pörnbacher Straße (plus 15 Minuten Fußweg) | Anfahrt A 9 oder B 300, Ausfahrt Langenbruck, auf St.-Kastl-Straße Richtung Nordosten und beim Weiler Stöffel links | Öffnungszeiten Die Kapelle ist meist geschlossen, die Kirche tagsüber geöffnet. | Tipp Wer zwischen Mai und Juli in der Gegend ist, kann zum Erdbeerpflücken nach Gambach fahren. Der kleine Ort liegt 1,5 Kilometer südwestlich von St. Kastl (Gambach 40).

98 Die ehemalige Gartensiedlung

Außergewöhnliche Architektur mit besonderem Flair

An Attenkirchen kommt man als Besucher der Hallertau kaum vorbei – und das soll man auch gar nicht! Schließlich findet hier jährlich im Juni das Hallertauer Bierfestival statt, wo man sich in Viertellitergläsern durch verschiedene Biersorten auch kleiner Brauereien probieren kann. Von Attenkirchen aus sollte man einen kleinen Umweg über Thalham machen. Mit dem Fahrrad am besten über den Bockerlradweg, eine stillgelegte Bahntrasse. Oder man geht von Attenkirchen zu Fuß, was ungefähr 20 Minuten dauert.

Gibt es in Thalham etwas Besonderes zu sehen? Nicht wirklich. Thalham selbst ist nämlich das Besondere. Das liegt an der ungewöhnlichen Architektur. Thalham ist wie ein knuffig-charmanter Fremdkörper in der Hallertau und scheint so gar nicht zum Rest der Region zu passen. Aber genau das macht diesen Ort so originell. Nördlich des Sees liegt der Wohnpark Thalham, mit zweistöckigen Wohnhäusern, in denen einige hässliche Plattenbauten sehen. Hässlich sind sie eigentlich gar nicht – und mit Plattenbau haben sie sowieso nichts zu tun. Aber im Kontrast zu den Häusern mit Schrägdach und dem Ensemble um den See wirkt der Wohnpark unattraktiver, als er in Wirklichkeit ist.

Heute kann man in den hübschen Thalhamer Häusern seinen Hauptwohnsitz anmelden, früher wurden sie als Ferien- oder Wochenendhäuser genutzt. Tatsächlich haben sie etwas von edlen Bungalows, erbaut aus Ziegeln und Holz in den 1980er und 1990er Jahren. Diese außergewöhnliche Siedlung wirkt auf verschiedene Menschen ziemlich unterschiedlich. Gut vorstellbar, dass manche sie als spießig empfinden. Genauso gut vorstellbar, dass viele sie cool finden. Einerseits kann das Ganze auf einen wie Bullerbü wirken, zugleich könnte es aber auch der Drehort einer Mystery-Serie sein. Bullerbü wohl eher bei Sonnenschein und Mystery bei Nebel …

Adresse Uferweg, 85395 Attenkirchen | **ÖPNV** Buslinien 602, 603, Haltestelle Thalham | **Anfahrt** B 301, von Attenkirchen einen Kilometer in südliche Richtung, links in die Waldstraße. Der See in Thalham liegt südlich der Waldstraße. | **Tipp** Im Südosten des Orts steht das »Hopfenbankerl«, eine drehbare Liegebank aus Holz.

99 Die Hopfenstele

Ortschronik und Mini-Geschichtskurs

Train ist mit seinen 1.900 Einwohnern nicht nur ein pittoreskes Städtchen, sondern bietet durch seinen Standort einen zusätzlichen Pluspunkt: Der Dürnbucher Forst ist in unmittelbarer Nähe, und nur je zehn Kilometer entfernt liegen Mainburg im Süden und Abensberg im Norden. Wer etwas über die Geschichte Trains erfahren und keine langen Texte darüber lesen mag, dem sei die Hopfenstele empfohlen. Das schmückende Beiwerk steht mit der Hopfenrebe ganz im Zeichen der Region. Auf der Stele findet sich ein kurzer Geschichtskurs, für den man einmal lesend um sie herumgehen muss.

Man erfährt zum Beispiel, dass 1716 das erste Schulhaus entstanden ist und der Ort seit 1350 Train heißt – bis dahin trug die Siedlung den Namen Hittinburg. Ebenso kann man der Säule entnehmen, dass der Erste und Zweite Weltkrieg 118 gefallene Trainer forderte.

Abgebildet ist auch das Gemeindewappen. Die drei Rauten im Wappen gehen auf Johann Franz Eckher zurück. Der 1649 im Schloss Train geborene Eckher war adliger Abstammung und von 1695 bis 1727 Fürstbischof von Freising. Mit der barocken Umgestaltung des Doms beauftragte er die Gebrüder Asam, was nur eine seiner kulturellen Errungenschaften war. Ein weiteres Element im Wappen ist der Sparren (Balken), der aus dem Pfeffenhausener Wappen übernommen wurde, dessen Adelsgeschlecht sich im 16. Jahrhundert auflöste. Die Historie von Train ist eng an das Wasserschloss geknüpft, auch wenn es an diesem Ort schon lange vorher eine Siedlung mit Häusern und Höfen gab.

Geschaffen wurde das originelle Kunstwerk im Jahr 2001 durch Günther Pichlmeier, einen Steinmetz und Steinbildhauermeister aus Geisenfeld. Ein zauberhaftes Plätzchen, auf dem man die Hopfenstele aufgestellt hat, in der Ortsmitte von Train. Umrahmt wird sie von Kirsch- und Apfelbäumen. Es gibt auch zwei Bänke, auf denen man in dieser kleinen Oase eine Pause einlegen kann.

Adresse Gabelung Herrnstraße/Eckherstraße, 93358 Train | **ÖPNV** Buslinie 6018, Haltestelle Herrnstraße | **Anfahrt** A 93, Ausfahrt Elsendorf oder Siegenburg und Wegweisern nach Train folgen – oder B 301 bis Sankt Johann und von dort auf Abensstraße, die in St.-Johanner-Straße übergeht, 500 Meter bis Train, in Herrnstraße und 150 Meter geradeaus | **Tipp** Etwa zehn Minuten Fußweg sind es bis zum Dürnbucher Forst, eines der größten und faszinierendsten Waldgebiete Bayerns. Bislang stehen kaum markierte Wanderrouten und Karten zur Verfügung, im Internet finden sich aber Vorschläge von Wanderern (von Train einen Kilometer in westlicher Richtung, durch St. Johann).

100 Das Wasserschloss

Viele Adlige und ein ehemaliges Dienstmädchen

Die meisten der schönen Schlösser in der Hallertau sind nicht zugänglich, weil die Besitzer wegen ihres Wunsches nach Privatsphäre ein Nähertreten nicht möglich machen. Das ist selbstverständlich nachvollziehbar, besonders dann, wenn das edle Bauwerk sich abgeschieden befindet. Beim Wasserschloss Train besteht dieses Hindernis schon deshalb nicht, weil es mitten im Ort liegt. Es mag sein, dass dieses Schloss nicht zu den bekanntesten und imposantesten Schlössern Bayerns zählt – in ästhetischer und historischer Hinsicht ist es aber genauso interessant wie einige der populären Schlösser.

Der Ursprung des heutigen Schlosses und der einstigen Burg liegt um die Wende vom ersten zum zweiten Jahrtausend nach Christus. Somit ist seine Geschichte etwa 1.000 Jahre alt. Im Laufe seines Bestehens wurde es mehrfach umgestaltet und ausgebaut, mehrere Adelsgeschlechter residierten darin. Nach dem Dreißigjährigen Krieg wurde es wieder aufgebaut. Sein heutiges Aussehen geht weitgehend auf das 17. Jahrhundert zurück.

Von 1788 bis 1807 war Elisabeth von Train die Schlossherrin. Das ehemalige Dienstmädchen wurde zunächst die Geliebte von Karl Anselm von Thurn und Taxis und später seine Ehefrau. Bevor er sie heiratete, hatte er mehrere Mordanschläge seiner Ehefrau und Cousine Auguste Elisabeth von Württemberg überlebt und sie schließlich in die Verbannung geschickt.

Die Eheschließung mit Elisabeth Hildebrand (daraufhin Elisabeth von Train) galt als nicht standesgemäß, da es in der damaligen Zeit nur als ehrenvoll galt, wenn »untereinander« geheiratet wurde. Die neue Schlossherrin hatte angeblich des Öfteren Emanuel Schikaneder zu Gast. Einen Teil des Textes zur »Zauberflöte«, der berühmten Mozart-Oper, soll er im Schloss zu Papier gebracht haben. Man munkelte auch über ein Techtelmechtel der beiden, allerdings basieren beide Behauptungen lediglich auf Vermutungen.

Adresse Herrnstraße 8, 93358 Train | ÖPNV Buslinie 6018, Haltestelle Herrnstraße | Anfahrt A 93, Ausfahrt Elsendorf oder Siegenburg und Wegweisern nach Train folgen – oder B 301 bis Sankt Johann und von dort auf Abensstraße, die in St.-Johanner-Straße übergeht, 500 Meter bis Train, in Herrnstraße fahren | Tipp Der Zehentstadl ist heute ein Kulturzentrum, in dem regelmäßig Veranstaltungen stattfinden. Er wurde im 17. Jahrhundert errichtet und gehörte einst zum Schloss. Um 1830 war darin eine Brauerei, die 150 Jahre Bestand hatte (gegenüber dem Schloss, Nordseite).

101 Die Stromschnellen

Wo die Amper ein bisschen Wildheit zeigt

Die Amper entspringt bei Oberammergau im Ammergebirge und wird, bevor sie in den Ammersee fließt, Ammer genannt. Wenn sie dann aus dem Ammersee fließt, wird sie zur Amper. Insgesamt hat der Fluss einen Streckenverlauf von 190 Kilometern. Die Amper hat einen vielschichtigen Charakter. Meistens zeigt sie sich ruhig und beschaulich, doch kann sie mitunter zum Sorgenkind werden, wie auch andere Flüsse in Bayern. Außerhalb der Hallertau hat sie in den Landkreisen Dachau und Fürstenfeldbruck mehrfach ihre ungestüme Seite gezeigt, als nach Unwettern und Regenfällen Äste oder Bäume in den Fluss gelangten. Dadurch wird der Flusslauf gestört, und es entstehen Stromschnellen, was zu Unfällen führen kann.

Die Stromschnellen bei Unterberghausen umfassen kein großes Areal und sind auch nicht dermaßen spektakulär, dass die Touristen in Bussen angereist kämen. Trotzdem sind die Stromschnellen schön anzusehen, eingebettet in eine malerische Umgebung. Diese Gegend ist generell als Ausflugsziel zu empfehlen. Wenn man die Möglichkeit hat, entlang der Amper zu radeln, sollte man sich das nicht entgehen lassen. Man fährt auf angenehmen Wegen in einer wunderschönen Naturlandschaft. Wer fit genug ist, kann den kompletten 200 Kilometer langen Ammer-Amper-Radweg fahren.

In westlicher Richtung der Stromschnellen führt eine Straße nah am Fluss entlang, in östlicher Richtung streckenweise nicht ganz so nahe der Amper. Eine Radtour ins 15 Kilometer entfernte Volkmannsdorf lohnt sich, denn hier findet die Amper einen schönen Abschluss. Von einer Brücke an der Isarstraße kann man das Naturschauspiel beobachten. Von der linken Seite in Fließrichtung kommt die Amper und mündet in die stürmische Isar, die als Deutschlands letzter Wildfluss gilt und deren Name wahrscheinlich vom Keltischen »Die Reißende« stammt. Es sind jedenfalls zwei besondere Gewässer, die dort zusammenfließen.

Adresse Unterberghausen (150 Meter nordwestlich des Orts), 85417 Marzling | Anfahrt B 301 bis Marzling, auf Goldshausener Straße Richtung Norden und der Straße circa drei Kilometer folgen, in Unterberghausen links und circa 300 Meter weiter, dann wieder links | Tipp Südlich von Marzling und östlich von Freising liegt das Naherholungsgebiet Stoibermühle. Mit Badesee und Biergarten, aber auch in der kalten Jahreszeit einen Spaziergang wert (An der Stoibermühle, 85417 Marzling).

102 Die vielseitige Milchtankstelle

Fast schon historisch – und mit breitem Sortiment

Als Familie Riedl im Oktober 2013 ihre Milchtankstelle eröffnete, war das eine mutige Entscheidung. Landwirte, die ihre Milch über einen Automaten verkauften, gehörten noch zu den absoluten Ausnahmen. Jedenfalls gab der Erfolg ihnen recht, denn Sofie und Stephan Riedl haben einen festen Stammkundenkreis. Aber man kann ihre Milchtankstelle auch zufällig entdecken, mit ihrem kräftigen Rot ist sie kaum zu übersehen. Im Gegensatz zu vielen anderen Milchtankstellen ist sie nicht in Holzoptik, mit dem ansonsten urigen Design. Das lässt sie irgendwie moderner aussehen. Modern und gleichzeitig traditionell ist der Betrieb von Familie Riedl, die ihre Produkte in nachhaltigen Verpackungen verkauft, das Tierfutter selbst anbaut und überschüssigen Strom aus der Fotovoltaikanlage ins Netz einspeist.

Die Milch gibt es entweder roh oder bei 72,5 Grad Celsius pasteurisiert – täglich von sechs bis 22 Uhr. Unter dem Automaten befinden sich Pappbecher zum Probieren. Wer keinen eigenen Behälter dabeihat, findet gegen Gebühr Ein-Liter-Glasflaschen und Zwei-Liter-Milchkannen. Aufgrund der Zusammenarbeit mit regionalen Partnerbetrieben ist das Sortiment sehr breit gefächert, was den gesunden Einkauf angenehm und zeitsparend macht. Saisonales Obst und Kartoffeln, Eier, Marmelade, Senf, Nudeln und köstliche Käsesorten, wie zum Beispiel mit geräuchertem Chili. Die Milch für den Käse stammt vom Riedl-Hof, wie auch für das Eis »Maximum Gelato« in verschiedenen Geschmackssorten.

Wenn man von der Milchtankstelle ein paar Schritte weiter in den Hof hineingeht, kann man auf der linken Seite die 70 Kühe sehen. Die Tiere werden artgerecht gehalten, haben Bewegungsfreiheit und saubere Liegeflächen. Für die jüngsten Kunden stehen Kinder-Traktor mit Anhänger, Schaufeln und Besen bereit. So können die Kinder mit anpacken und die Kühe ganz nah erleben.

Adresse Unterglaim 30, 84030 Ergolding, milchhof-riedl.de | **ÖPNV** Buslinien 304, 6241, Haltestelle Unterglaim Haus Nr. 22 | **Anfahrt** A 92, B 11, B 15 oder B 299 bis Landshut, von Ergolding (nordöstlich von Landshut) auf der Altdorfer Straße Richtung Norden und der Straße circa vier Kilometer folgen, kurz vor Ortsausgang Unterglaim auf der linken Seite | **Öffnungszeiten** Milchtankstelle: täglich 6–22 Uhr | **Tipp** Wer in der Nähe auf der Suche nach einer Übernachtungsmöglichkeit oder Verpflegung ist, findet im kleinen Ort Käufelkofen mehrere Möglichkeiten (in Unterglaim die Staatsstraße überqueren, links und ein paar Schritte geradeaus).

103 Das Rathaus mit dem Kirchturm

Bis zum endgültigen Standort war es ein langer Weg

Heute hat das Vohburger Rathaus seinen Standort in der ehemaligen Andreaskirche, die im 14. Jahrhundert errichtet wurde. Das Rathaus mit Kirchturm ist ein schöner Anblick. Nach der Profanierung 1882 diente die Kirche unter anderem als Hopfenhalle sowie als Getreide- und Tabaklager.

Im Jahr 1811 wurden »Rathaus und Schrannengebäude« errichtet. In den 1860er Jahren wurde das Gebäude umgebaut und zusätzlich eine Knabenschule darin untergebracht, die es bis 1972 gab. Das Gebäude wurde 1981 abgebrochen und der Ulrich-Steinberger-Platz neu gestaltet. Das Rathaus war 1936 in die heutige Agnes-Bernauer-Straße 4 umgezogen. Die Stadt hatte dieses Haus erworben, das heute wieder in privater Hand ist.

1954/55 zog die Gemeindeverwaltung in die Andreaskirche ein. Es war als Übergangslösung gedacht, da sich hier auch verschiedene Behörden wie Arbeitsamt und Standesamt, eine Turnhalle und andere Einrichtungen befanden. Die Jahre vergingen, und dann wurde fast zwei Jahrzehnte über den endgültigen Standort des Rathauses diskutiert, bis man sich schließlich einigte. Zwischen 2004 und 2007 ist die ehemalige Andreaskirche saniert und umgebaut worden. Im April 2008 wurde das neue Rathaus eingeweiht.

Im Kirchturm, oder besser gesagt Rathausturm, sind zwei Glocken aus den Jahren 1630 und 1656. An der Südseite unter der Uhr ist ein männlicher Kopf zu sehen, an dem eine Glocke hängt: der mit einer Legende verbundene Betläuter. Als der etwa 400 Jahre und »altersschwache« Kopf 1964 abgenommen wurde, musste das Holzkunstwerk restauriert werden, bevor es ins Stadtarchiv kam. Eine Nachbildung aus Bronze wurde 1996 angebracht. Die alte Tradition des Angelus-Gebets wurde fortgesetzt. Das Glöckchen am Betläuter erklingt dreimal täglich: um sieben und zwölf Uhr sowie bei Einbruch der Dunkelheit.

Adresse Ulrich-Steinberger-Platz 12, 85088 Vohburg an der Donau | **ÖPNV** Buslinie 26, Haltestelle Vohburg a. d .D., sowie 6008, Haltestelle Bahnhofstraße Vohburg (plus acht Minuten Fußweg) | **Anfahrt** Die B 16a führt direkt zum Ulrich-Steinberger-Platz. | **Öffnungszeiten** Rathaus: Mo–Fr 8–12 Uhr sowie Do 13–18 Uhr | **Tipp** Ein ästhetisches Bonbon ist die ehemalige Marienapotheke, errichtet um 1770 (Pfarrhofstraße 1).

104 Das Verlies

Wo Agnes Bernauer ihre letzte Nacht verbrachte

Die Burg Vohburg war einst prächtig und bedeutend. Heute ist sie ein wenig in Vergessenheit geraten und wird in Aufzählungen der Burgen und Schlösser Bayerns eher nebenbei erwähnt. Schade, ist die Burg in dieser malerischen Stadt doch definitiv einen Besuch wert. Auf dem Burggelände ist ein Verlies, in dem Agnes Bernauer ihre letzten Stunden verbracht haben soll, nachdem sie am 11. Oktober 1435 verhaftet worden war.

Auf einem Turnier in Augsburg 1428 lernen sich Agnes Bernauer (1410–1435) und Albrecht III. (1401–1460) kennen. Wahrscheinlich heiraten sie heimlich. Albrechts Vater, Herzog Ernst, ist über die unehrenhafte Baderstochter entsetzt. Es geht um viel, denn Kinder aus einer solchen Verbindung haben kein Erbrecht. Sein Sohn will die Verbindung aber nicht aufgeben. Als Albrecht verreist ist, lässt der Herzog seine Schwiegertochter verhaften. Während des Verhörs weigert sie sich, die Liebesbeziehung zu beenden. Angeblich ist sie »selbstbewusst« aufgetreten. Wenn man Zeitzeugen Glauben schenken darf, hat Agnes den Herzog nicht als Richter anerkannt. In ihrer Position und in Anbetracht der damaligen Zeit war das vielleicht heroisch, vielleicht aber auch vermessen.

Am 12. Oktober lässt der Herzog Agnes Bernauer in der Donau bei Straubing ertränken. Eine tragische Geschichte, bei der am Ende ein Leben verloren ist und der Schwiegervater als herzloses Ungeheuer in die Geschichte eingeht. Albrecht heiratet schon 15 Monate nach Agnes' Ermordung. War die Liebe wirklich so groß? War Agnes Bernauer ein engelsgleiches Opfer und Herzog Ernst ein »Monster«? Angeblich hat er mehrmals an die Vernunft seines Sohns appelliert und auch seiner Schwiegertochter eine letzte Möglichkeit eingeräumt, heil aus der Sache herauszukommen. Ein Jahr nach der Tragödie lässt Herzog Ernst zum Gedenken an Agnes Bernauer in Straubing eine Kapelle errichten. Möglicherweise aus schlechtem Gewissen.

Adresse Burghof, Ecke Agnes-Bernauer-Straße/Am Burggraben, 85088 Vohburg an der Donau | ÖPNV Buslinie 26, Haltestelle Vohburg a. d. D., sowie Buslinie 6008, Haltestelle Bahnhofstraße Vohburg (plus zehn Minuten Fußweg) | Anfahrt Die B 16a führt direkt in den Vohburger Stadtkern und auf die Agnes-Bernauer Straße, die man Richtung Norden bis zum Ende fährt. | Öffnungszeiten Burg Vohburg: April–Okt. 7–20 Uhr, Nov.–März 8–18 Uhr | Tipp Bevor man die Burg wieder verlässt: Im Burgtor ist oben auf der rechten Seite (Richtung Ausgang) das älteste Steinwappen Bayerns aus dem Jahr 1477.

105 Die Absturzstelle

Der Starfighter, seine Opfer und eine Staatsaffäre

Am östlichen Ortsausgang ist ein Gedenkstein zwischen zwei Büschen und zwei Bäumen. Meist wird er nur dann entdeckt, wenn man bewusst nach ihm sucht. Auf der Tafel ist zu lesen: »Zum Gedenken an OTL Horst Matischak. * 08.01.1935 † 11.04.1972. Gemeinde Volkenschwand u. RK Leibersdorf« (RK für Reservistenkameradschaft).

Bedauerlicherweise war das nur eines von mehreren Unglücken dieser Art. Es war keine Seltenheit, dass ein Pilot mit einer Starfighter F-104G (G für Germany) abstürzte. Das Militärflugzeug der deutschen Bundeswehr wurde 1958 vom damaligen Verteidigungsminister Franz Josef Strauß als Kampfflugzeug ausgewählt, trotz der Einwände von Experten. Es standen mehrere Flugzeugtypen zur Auswahl, doch nach einem Besuch bei Lockheed in Kalifornien hatte Strauß sich für den Starfighter 104 entschieden.

Bis zur Ausmusterung 1991 wurden 916 dieser Jets eingesetzt, von denen fast ein Drittel abstürzte. Bei den Unfällen kamen 116 Piloten ums Leben. Immer wieder gab es technische Probleme. Der Flugzeugtyp war für die bundesdeutschen Anforderungen nicht geeignet, das Bodenpersonal und die Piloten für die Maschine nicht angemessen ausgebildet. Der Starfighter bekam den Spitznamen »Witwenmacher«. Angesichts dessen sind die fehlinvestierten Unsummen an Steuergeldern fast nebensächlich. In Zusammenhang mit dem US-Jet stehen Begriffe wie »Starfighter-Affäre« und »Lockheed-Skandal«. Seitens des Herstellers Lockheed sollen Unsummen an Schmiergeldern geflossen sein. Der Verdacht, dass Strauß sich bestechen ließ, konnte letztlich nicht bestätigt werden.

Oberstleutnant Horst Matischak ist einer der 116 tödlich verunglückten Piloten. Das Triebwerk setzte aus. Der 37-Jährige hatte den Tod vor Augen, aber doch noch die Geistesgegenwart, die brennende Maschine von Volkenschwand wegzulenken, um die Einwohner nicht zu gefährden – eine heldenhafte Tat in letzter Sekunde.

Adresse Landshuter Straße (Ostseite), 84106 Volkenschwand | ÖPNV Buslinie 6240, Haltestelle Mainburger Straße/Staatsstraße | Anfahrt B 301 bis Mainburg, auf Äußere Landshuter Straße und bis Volkenschwand fahren, beim Ortsausgang links, nach 30 Metern ist links die Landshuter Straße und rechts der Gedenkstein | Tipp In der Nähe ist die Quelle der Großen Laber, neu und ansprechend gestaltet (von der Staatsstraße auf die Moosburger Straße und wenige Minuten Richtung Süden gehen, vor der Kapelle links).

106 Die Vogelfreistätte

Ein kleines Paradies für Tier und Mensch

Dieses knapp sechs Quadratkilometer große Areal ist eines der bedeutendsten Brut- und Schutzgebiete für Wasservögel in Bayern. Die Infotafel am Parkplatz verschafft einen guten Überblick über die »Vogelfreistätte Mittlere Isarstauseen«. Es sind Tausende Wasser- und Watvögel, die hier überwintern oder auf dem Weg ins Überwinterungsgebiet rasten. Ebenso dient es zur Mauser oder bedrohten Arten als Brutplatz – eine mannigfaltige kleine Welt der Flora und Fauna. Beim Vorbeifahren ist es erst einmal der Ausgleichsweiher, der das Interesse weckt. Allerdings ist das gesamte Gebiet beeindruckend.

In den Auwäldern konnten sich zahlreiche seltene Tier- und Pflanzenarten erhalten, wie zum Beispiel bedrohte Specht- oder Greifvogelarten, nicht zu vergessen der gelbe Singvogel Pirol. Aber auch Schmetterlinge und Amphibien leben hier sowie seltene Orchideen. Die Isar fließt auf acht Kilometern Länge durch das Schutzgebiet. In den 1920er Jahren wurden zur Stromerzeugung Dämme errichtet, und so sind die Mittleren Isarstauseen und der Isarkanal beinahe gänzlich durch Dämme begrenzt. In den 40 Kilometer langen Dammbereichen leben verschiedene Insektenarten und Reptilien, darunter die circa 70 Zentimeter lange Schlingnatter, die für Menschen ungefährlich ist.

Auf den Wegen können Besucher auf ausgedehnten Spaziergängen das Gebiet erkunden und die Natur genießen. Natürlich gelten bei einem Besuch die üblichen Regeln, nämlich weder die Wege zu verlassen noch irgendetwas dazulassen oder zu entwenden. Wassersport und Modellflugzeuge sind natürlich untersagt, damit die Tiere in Frieden leben können. Grundsätzlich fühlen sich die Vögel durch die Besucher nicht gestört, die weder für sie noch für die Natur ein Problem darstellen. Etwas schreckhaft und scheu sind jedoch diejenigen Tiere, für die das Areal Neuland ist und die noch nicht an die Nähe von Menschen gewöhnt sind.

Adresse Parkplatz am Moosburger Stausee, Sempt 1, 85368 Wang | **Anfahrt** von Moosburg circa zwei Kilometer auf Landshuter Straße in östliche Richtung, gleich nach der Brücke links auf den Parkplatz | **Tipp** Nähere Informationen gibt es am Infohäuschen im kleinen Ort Eching (Stauseestraße, 84174 Eching). Geht man die Stauseestraße 1,5 Kilometer weiter in westliche Richtung, kommt man zu einem Aussichtsturm. Hier gibt es ebenfalls viele Infos über Tiere und Natur, teilweise spielerisch und deshalb auch für Kinder interessant.

107 Der Roider-Jackl-Brunnen

Denkmal für einen satirischen Regionalpatrioten

Der Roider Jackl war nicht nur amüsant, sondern auch scharfsinnig und couragiert. Er nannte die Dinge beim Namen, und bis heute werden seine Gstanzl in Bayern gehört und geliebt. Für Zuagroaste: Gstanzl sind humoristische Spottlieder, meist Vierzeiler, die zum Beispiel Politiker und Gesellschaft auf den Arm nehmen. Ironisch und pointiert, mal mehr und mal weniger subtil. Besungen werden aber auch die Liebe, die regionalen Sitten und die Heimat – so tat es auch der Roider Jackl mit »'s boarische Bier«.

Unter dem Namen Jakob Roider wurde er 1906 als 16. und jüngstes Kind in Weihmichl geboren. Nach Ausbildungen zum Schreiner und Förster arbeitete er in diesen Berufen, war außerdem für mehrere Jahre beim Militär. Größere Aufmerksamkeit als Künstler erhielt er beim ersten »Niederbayerischen Preissingen« 1931 in Landshut, woraufhin er seinen Bekanntheitsgrad stetig erhöhte. Popularität erlangte Roider mit seinen Auftritten und später über den Bayerischen Rundfunk. Er erhielt mehrere Ehrungen. Der Roider Jackl ist auch für das traditionelle Derblecken auf dem Münchener Nockherberg bekannt. Ehrfurcht vor den »Großkopfadn« ließ er nicht erkennen, auch nicht vor Konrad Adenauer. Auf dem Nockherberg trat er mit einmaliger Unterbrechung von 1954 bis 1974 auf.

Jakob Roider starb 1975 in Freising. Dass er unvergessen bleibt, bezeugen nicht nur die Brunnendenkmäler in Weihmichl, Freising und am Münchener Viktualienmarkt (das schon zwei Jahre nach seinem Tod aufgestellt wurde), sondern auch das »Roider Jackl Gedächtnissingen«, das jährlich an seinem Geburtstag am 17. Juni im Gasthaus Betz (Oberglaim 15, 84030 Ergolding) stattfindet. Seit 1986 steht der Brunnen in Weihmichl vor dem Haus der Begegnung. Der Roider Jackl hatte es kommen gesehen: »Jetzt muaß i aufhörn zum singa, sonst wer i no berühmt und kriag so a Denkmal, wo's Wasser rausrinnt.«

Adresse Roider-Jackl-Platz (Bahnhofstraße 6), 84107 Weihmichl | ÖPNV Buslinien 303, 6234, Haltestelle Weihmichl | Anfahrt auf der A 92 die Ausfahrt Altdorf nehmen, auf die B 299 Richtung Südwesten, circa fünf Kilometer bis Weihmichl, bei der Gabelung die Hauptstraße verlassen und links fahren | Tipp In Unterneuhausen kann man freitags von 15 bis 18 Uhr auf dem »DorfMarkt« regionale und hausgemachte Produkte erwerben (von Weihmichl drei Kilometer auf der B 299 bis Unterneuhausen, links auf Süßbacher Straße und gleich wieder links).

108 Der Frauenberg

Kleine Erkundungstour fernab des Touristenstroms

Es sind Touristenmagneten: der Donaudurchbruch, das Kloster Weltenburg sowie Weihenstephan, die älteste Klosterbrauerei der Welt. Nur einen Katzensprung entfernt liegt der ruhige Frauenberg, mit der Möglichkeit zum Durchatmen und Entdecken. Als Besucher der Klosteranlage geht man an der Klosterkirche Sankt Georg rechts durch den Torbogen und dann ein Stück bergauf. Schon nach wenigen Schritten hat man die Möglichkeit, auf der linken Seite einen Blick auf die Donau und die gigantischen Felsen zu werfen. Wenn man nun Richtung Frauenbergkapelle geht, sieht man die Stelen namens »Stationen« des Bildhauers Alfred Böschl. Die Deckenfresken in der Frauenbergkapelle hat mit größter Wahrscheinlichkeit Cosmas Damian Asam gefertigt, noch bevor er die Arbeit in der Klosterkirche begann. Sehenswert ist auch der Kreuzweg, der zur Frauenbergkapelle führt. Gestaltet wurde dieser von der Benediktinerin Dorothea Brockmann.

Der Frauenberg ist nicht nur ein schönes Fleckchen Erde, sondern auch kulturhistorisch sehr interessant. Anhand archäologischer Funde konnte man über dieses Areal einiges in Erfahrung bringen. Besiedelt war das Gebiet bereits in der Jungsteinzeit. Während der Bronzezeit wurde reger Handel mit anderen Kulturen betrieben. Erstaunlicherweise erstreckte sich dieser Warenaustausch über einen Radius von mehreren hundert Kilometern.

In der Zeit von 550 bis 400 vor Christus siedelten hier Kelten, die unter anderem Siedlungsgruben und Gräber sowie Bronzeschmuck hinterließen. Im 10. Jahrhundert wurde während der Ungarneinfälle der Wolfgangswall und somit der Frauenberg zur Befestigung ausgebaut. Sein Name geht auf den heiligen Wolfgang zurück, den Bischof von Regensburg (gestorben im Jahr 994). In der Nähe des knapp zwölf Meter hohen Wolfgangswalls befinden sich die Mauerreste des spätrömischen Kleinkastells, das einst ein römisches Militärlager war.

Adresse Frauenbergstraße, 93309 Kelheim | ÖPNV Buslinie 6030, Haltestelle Pater-Josef-Straße / Frauenbergstraße – oder mit dem Schiff von Kelheim über die Donau (März–Nov., Fahrpläne: schifffahrt-kelheim.de) | Anfahrt B 16 bis Kelheim, in südwestlicher Richtung über die Maximiliansbrücke, nach dem Kreisverkehr auf Weltenburger Straße, etwa vier Kilometer bis Weltenburg, am Friedhof in die Asamstraße und auf den Parkplatz fahren; direkter Zugang, ohne Besuch der Klosteranlage: vom Parkplatz ein Stück zurückgehen und von der Pater-Josef-Straße links in die Frauenbergstraße | Tipp Das Orgelmuseum in der ehemaligen Franziskanerkirche in Kelheim ist sehenswert und lehrreich. Wahlweise mit und ohne Führung oder mit Audioguide (April–Okt. Mi–So 14–17 Uhr, Am Kirchensteig 4).

109 Die Hopfenpflückmaschine

Umbruch im Anbau und das Ende der Hopfenzupfer-Ära

Bis Hopfenpflückmaschinen zum Einsatz kamen, strömten Erntehelfer aus anderen Regionen zum »Hopfazupfa« in die Hallertau. Es war eine gut bezahlte Arbeit, und auch die tägliche Verpflegung war ein Anreiz. In der Mehrzahl waren es Frauen, die übrigens den gleichen Lohn bekamen wie Männer. Freundschaften und Liebesbeziehungen entstanden, und Jahrzehnte später blickten viele ehemalige Hopfenzupfer mit Wehmut zurück. Doch wie das so ist mit der »guten alten Zeit« – nicht alles war wunderbar, denn es gab auch Streit und Schlägereien – und die Arbeit im Sommer war anstrengend.

Die US-Amerikaner begannen Mitte des 19. Jahrhunderts, Hopfenpflückmaschinen zu entwerfen, doch bis zur vollständigen Entwicklung sollte es noch lange dauern. Auf europäischem Boden kamen die ersten Maschinen dieser Art ab den 1930er Jahren in England zum Einsatz. Die erste Hopfenpflückmaschine in der Hallertau orderte 1955 der Hopfenbauer Leo Höfter vom englischen Unternehmen Bruff. Zu jener Zeit war das nicht nur die größte (25 Meter lang und acht Meter hoch), sondern auch die teuerste Agrarmaschine der Welt. Sie kostete etwa so viel wie zwei Einfamilienhäuser. Schließlich kam in den 1960er Jahren eine deutsche Hopfenpflückmaschine der Firma Wolf aus Geisenfeld auf den Markt. Wolf produziert bis heute Hopfenpflückmaschinen. Im Deutschen Hopfenmuseum ist »Wolf Typ 1« aus dem Jahr 1962 ausgestellt.

Die legendären Hopfenzupfer waren damit Geschichte. Wirtschaftlich ging es bergauf, und die Leute mussten nicht mehr schwere Saisonarbeit verrichten, weil die Industrie sichere Arbeitsplätze bot. Somit kam die Hopfenpflückmaschine von Wolf zum richtigen Zeitpunkt. Auch wenn Maschinen die Arbeit erleichtern, muss immer noch vieles von Hand erledigt werden. Die Drähte befestigen und die Reben um den Draht wickeln, das kann bis heute keine Maschine.

Adresse Elsenheimerstraße 2, 85283 Wolnzach, hopfenmuseum.de | **ÖPNV** Buslinie 9201, Haltestelle Elsenheimerstraße | **Anfahrt** A 93, Richtung Zentrum fahren und parken, vom Rathaus (Marktplatz) gelangt man über die Klosterstraße zum Hopfenmuseum | **Öffnungszeiten** Di–So 10–17 Uhr | **Tipp** Bei schlechtem Wetter oder Kinolaune: Die Amper-Lichtspiele gibt es seit 1923, modernisiert und erweitert, bis heute generationsübergreifend geführt von der Familie Amper (Elsenheimerstraße 18, amperlichtspiele.de).

110 Mechtilde Vieracker

Am Originalschauplatz einer Heldentat

Das Haus mit der Gedenktafel und die Kirche Sankt Laurentius spielen eine wichtige Rolle in der Geschichte um eine mutige Frau. Auf beeindruckende Weise hat Mechtilde Vieracker (auch Mechthilde oder Mechtild) eine bemerkenswerte Tat vollbracht und dabei nicht weniger als ihr Leben riskiert. In ihrer Heimatstadt ging sie als Heldin in die Geschichte ein.

Es ist der 28. April 1945 – zehn Tage vor Kriegsende. Mechtilde Vieracker lebt in dem Haus, an dem heute die Gedenktafel angebracht ist. Sie ist 44 Jahre alt, war nie verheiratet und ist kinderlos. An jenem Tag dringen amerikanische Truppen immer weiter vor. Schließlich wird Wolnzach beschossen, und mehrere Granaten schlagen ein. Es gibt Tote und Verletzte. Die Menschen haben panische Angst, nicht jedoch Mechtilde Vieracker.

Sie klettert auf den Kirchturm, um Ausschau nach den Amerikanern zu halten. Als sie sich hinunterbegibt, um einen Mantel zu holen, schlagen kurz darauf Schüsse in den Kirchturm ein. Die tapfere Frau kehrt zurück. Mit einem weißen Laken in der Hand klettert sie trotz der Todesgefahr wieder auf den Kirchturm und schwenkt das weiße Laken wie eine Fahne, als Zeichen des Friedens. Und tatsächlich: Der Beschuss wird umgehend eingestellt. Unglaublich, wie viel Mut es erfordert hat, sich diesem Risiko auszusetzen! Die Wolnzacherin Mechtilde Vieracker hat ihr Leben riskiert, um ihren Heimatort zu retten. Damit hat sie die Geschichtschronik von Wolnzach maßgeblich beeinflusst.

Mechtilde Vieracker wurde 81 Jahre alt. Neben der Würdigung durch die Gedenktafel wurde auch eine Straße nach ihr benannt. Die Mechtild-Vieracker-Straße liegt wenige Minuten zu Fuß entfernt. Für den Straßennamen setzte sich der Wolnzacher Alfons Siegmund ein. Die Gedenktafel wurde 1985 am damaligen Wohnhaus Vierackers angebracht. Im Kirchturm waren die Einschusslöcher jener Tage bis zur Sanierung 2013 zu sehen.

Adresse Preysingstraße (an der Kirche), 85283 Wolnzach | ÖPNV Buslinie 9201, Haltestelle Elsenheimerstraße | Anfahrt A 93, Richtung Zentrum und Kirchturm fahren | Tipp Auf der gegenüberliegenden Straßenseite ist das Geburtshaus von Alois Dallmayr, dem Gründer der Kaffeemarke und Namensgeber des berühmten Delikatessengeschäfts in München (Preysingstraße 3).

111 Das Museum der Hand

Exponate über ein faszinierendes Körperteil

Leider kennen nicht viele Leute das Museum, allein schon deshalb, weil es fernab des Zentrums liegt. Und eine große Chance, sich an diesem Standort hervorzuheben, hat es wegen der anderen Betriebe auch nicht wirklich. Den Haupteingang muss es sich mit einem Restaurant teilen, was nicht unbedingt nachteilig ist, aber trotzdem etwas bedauerlich für diese einzigartige und originelle Privatsammlung.

Im Jahr 1996 eröffnete das »Museum der Hand«. Der Wolnzacher Geschäftsmann Norbert Nemetz hatte über viele Jahre alles gesammelt, was in irgendeiner Weise mit der Hand zu tun hat. Konzipiert und eingerichtet wurde das Museum vom Kulturwissenschaftler Dr. Christoph Pinzl, dem Leiter des Deutschen Hopfenmuseums.

Vor dem Besuch ist einem vielleicht gar nicht bewusst, wie viel es über die beiden Körperteile mit ihren je 27 Knochen, 33 Muskeln und 22 Achsen zu erzählen gibt. Im Museum finden sich kurze Geschichten über Menschen, die Rekorde mit ihren Händen erzielt haben. Fun Facts, von denen man noch nie etwas gehört hat, sowie Darstellungen der Zeichensprache und Nachbildungen berühmter Kunstwerke. Interaktive Elemente laden zum Mitmachen ein, und so kann man zum Beispiel etwas über die Anatomie erfahren oder testen, wie viel Kraft man in den Händen hat. Interessant ist ebenfalls die Wirkung der Hand als Symbol, auf Briefmarken und Münzen oder auf Kinoplakaten und Schmuck. Nicht zuletzt sei die nachgebildete Höhle erwähnt, die eine Felsmalerei aus der Steinzeit mit Handabdrücken zeigt.

Das Museum hat eine Fläche von 250 Quadratmetern und ist thematisch in sieben Abteilungen unterteilt. Ein Besuch ist informativ und unterhaltsam, manches verblüffend und manches amüsant. Ein Umzug in den Wolnzacher Ortskern ist geplant, um mit einem attraktiveren Standort mehr Besucher zu gewinnen. Das möchte man diesem einzigartigen Museum wirklich wünschen.

Adresse Am Brunnen 1b, 85283 Wolnzach, museum-der-hand.de | **ÖPNV** Buslinie 9201, Haltestelle Elsenheimerstraße (plus acht Minuten Fußweg) | **Anfahrt** A 93, in Wolnzach auf der Auenstraße Richtung Norden, die in die Hopfenstraße übergeht, links in Am Brunnen, nächste links und auf den Parkplatz. Das Museum und ein Restaurant befinden sich in dem Gebäude neben der Kapelle. | **Öffnungszeiten** Fr–So 13–17 Uhr | **Tipp** Für Kinder interessant: Gegenüber dem Gebäude (vorbei an der Kapelle) verläuft der Bach Wolnzach, wo frei laufende Ziegen und Hühner zu sehen sind.

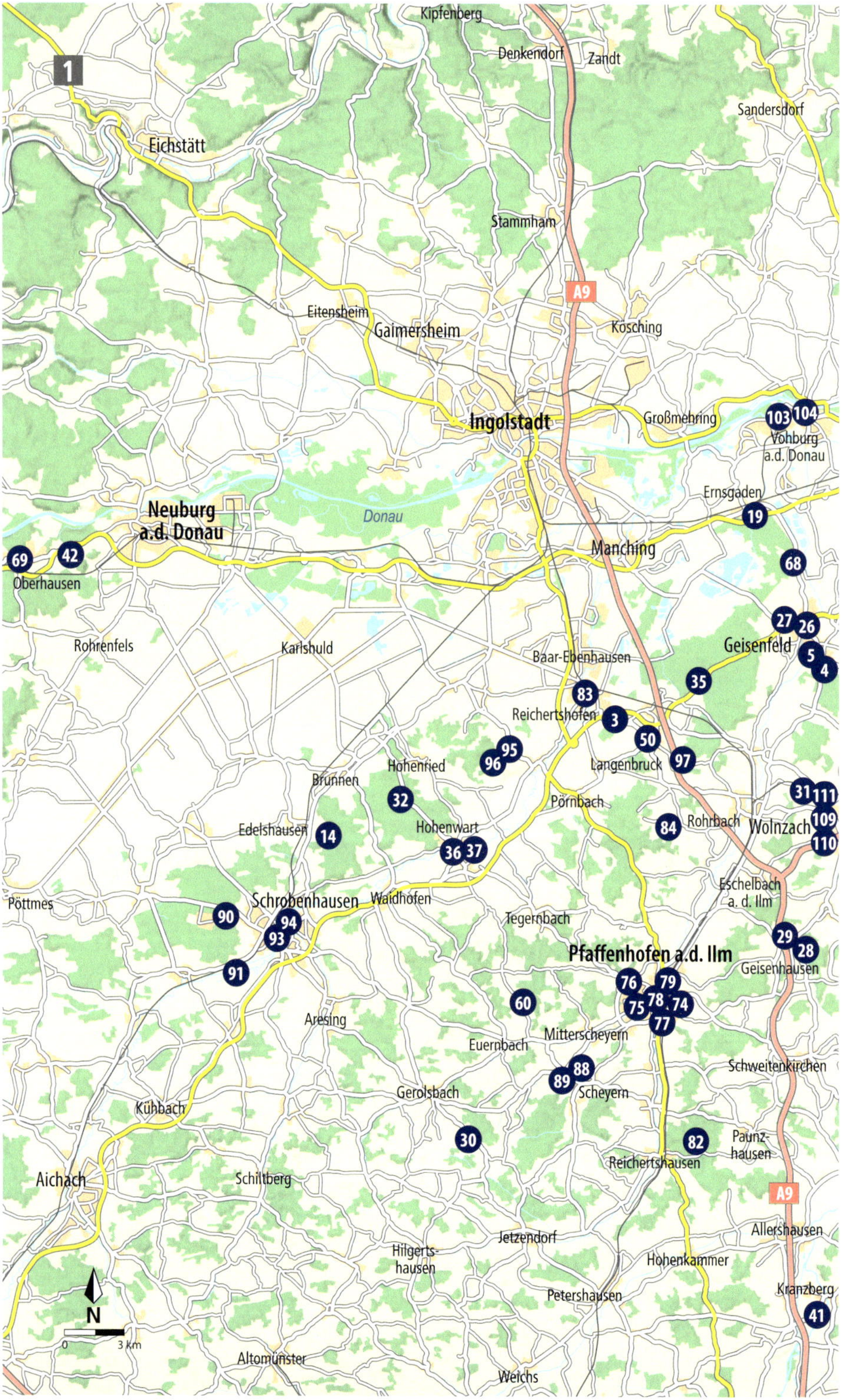
1
Kipfenberg
Denkendorf
Zandt
Sandersdorf
Eichstätt
Stammham
A9
Eitensheim
Gaimersheim
Kösching
Ingolstadt
Großmehring
103
104
Vohburg a.d. Donau
Neuburg a.d. Donau
Donau
Ernsgaden
19
Manching
69
42
Oberhausen
68
27
26
Geisenfeld
5
4
Rohrenfels
Karlshuld
Baar-Ebenhausen
35
83
Reichertshofen
3
50
95
96
Langenbruck
97
Hohenried
Brunnen
32
Pörnbach
31
111
109
110
84
Rohrbach
Wolnzach
Edelshausen
14
Hohenwart
36
37
Eschelbach a. d. Ilm
Pöttmes
90
Schrobenhausen
Waidhofen
94
93
Tegernbach
29
28
Pfaffenhofen a.d. Ilm
Geisenhausen
91
76
79
78
75
74
77
60
Aresing
Mitterscheyern
Euernbach
Schweitenkirchen
88
89
Scheyern
Gerolsbach
Kühbach
30
82
Paunz-hausen
Reichertshausen
Aichach
Schiltberg
A9
Allershausen
Jetzendorf
Hilgerts-hausen
Hohenkammer
Petershausen
Kranzberg
41
N
0
3 km
Altomünster
Weichs

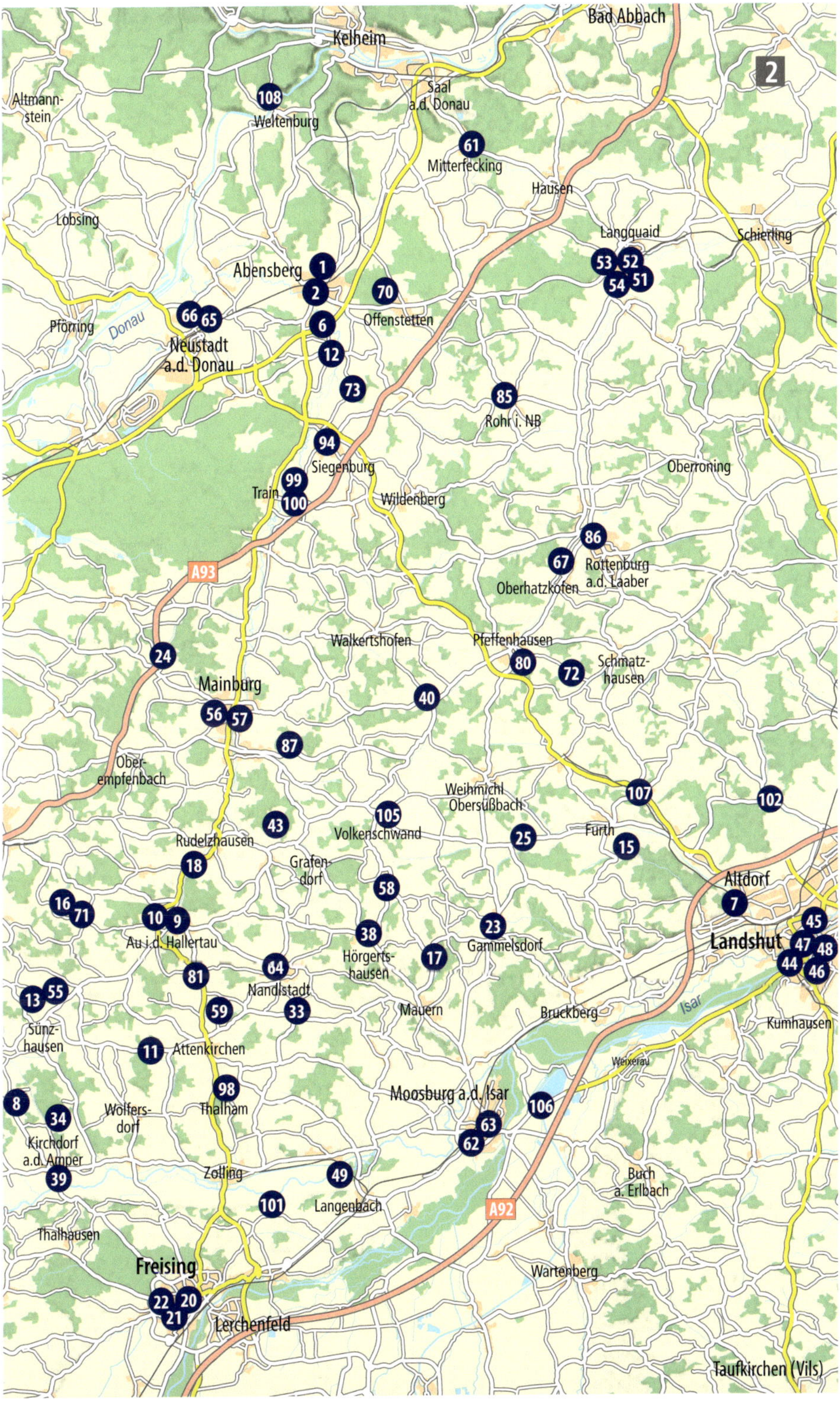
2
Kelheim
Bad Abbach
Altmann-
stein
Weltenburg
Saal
a.d. Donau
Mitterfecking
Hausen
Lobsing
Langquaid
Schierling
Abensberg
Offenstetten
Pförring
Donau
Neustadt
a.d. Donau
Rohr i. NB
Siegenburg
Oberroning
Train
Wildenberg
A93
Rottenburg
a.d. Laaber
Oberhatzkofen
Walkertshofen
Pfeffenhausen
Schmatz-
hausen
Mainburg
Ober-
empfenbach
Weihmichl
Obersüßbach
Volkenschwand
Furth
Rudelzhausen
Grafen-
dorf
Altdorf
Au i.d. Hallertau
Hörgerts-
hausen
Gammelsdorf
Landshut
Nandlstadt
Mauern
Bruckberg
Isar
Kumhausen
Sünz-
hausen
Attenkirchen
Weixerau
Moosburg a.d. Isar
Wolfers-
dorf
Thalham
Kirchdorf
a.d. Amper
Zolling
Buch
a. Erlbach
Langenbach
A92
Thalhausen
Freising
Wartenberg
Lerchenfeld
Taufkirchen (Vils)

Annabelle Fagner
111 Orte im Loisachtal, die man gesehen haben muss
ISBN 978-3-7408-1683-4

Jo Seuß
111 Orte rund um Nürnberg, die man gesehen haben muss
ISBN 978-3-7408-1730-5

Leonhard F. Seidl
111 Orte in der Frankenhöhe, die man gesehen haben muss
ISBN 978-3-7408-1230-0

Martin Droschke
111 fränkische Biergärten, die man gesehen haben muss
ISBN 978-3-7408-1956-9

Sonja Silberhorn
111 Lost Places in der Oberpfalz, die man gesehen haben muss
ISBN 978-3-7408-1957-6

Martin Droschke, Norbert Krines
111 Fränkische Biere, die man getrunken haben muss
ISBN 978-3-7408-1835-7

Gregor Nagler
111 Orte in Augsburg, die man gesehen haben muss
ISBN 978-3-7408-1782-4

Michael Horling
111 Orte in und um Schweinfurt, die man gesehen haben muss
ISBN 978-3-7408-1302-4

Martin Droschke
111 Kirchen in der Oberpfalz, die man gesehen haben muss
ISBN 978-3-7408-1629-2

Marko Roeske
111 Orte im Bayerischen Wald, die man gesehen haben muss
ISBN 978-3-7408-1690-2

Jochen Reiss
111 Orte im Fünfseenland, die man gesehen haben muss
ISBN 978-3-7408-1777-0

Astrid Süßmuth
111 Almen und Hütten in Oberbayern, die man gesehen haben muss
ISBN 978-3-7408-1751-0

Evelyn Pschak von Rebay
111 Mal sauguad essen in München
ISBN 978-3-7408-1354-3

Martin Droschke
111 Kirchen in Franken, die man gesehen haben muss
ISBN 978-3-7408-1468-7

Dorothea Steinbacher
111 Orte im Chiemgau und im Rupertiwinkel, die man gesehen haben muss
ISBN 978-3-7408-1654-4

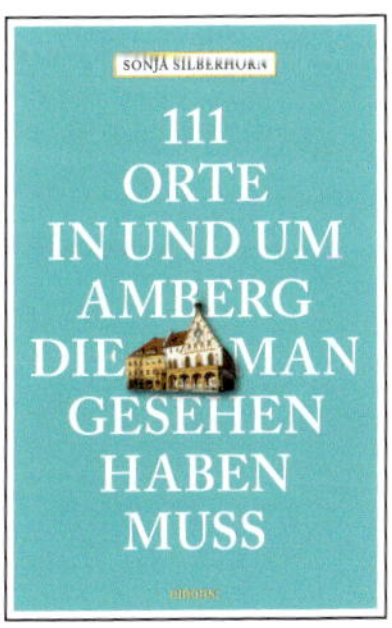

Sonja Silberhorn
111 Orte in und um Amberg, die man gesehen haben muss
ISBN 978-3-7408-1463-2

Christian Gehl
111 Badeplätze in und um München, die man kennen muss
ISBN 978-3-7408-1423-6

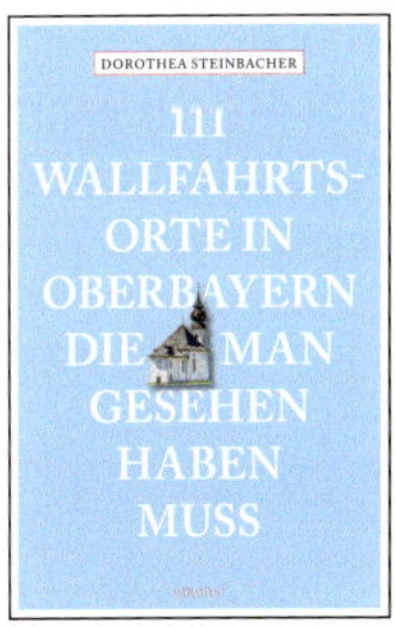

Dorothea Steinbacher
111 Wallfahrtsorte in Oberbayern, die man gesehen haben muss
ISBN 978-3-7408-1284-3

Reiner Vogel
111 Orte in Niederbayern, die man gesehen haben muss
ISBN 978-3-7408-1545-5

Dorothea Steinbacher
111 Orte im Chiemgau, die man gesehen haben muss
ISBN 978-3-7408-1604-9

Christoph Schrahe, Stefan Herbke, Thomas Biersack
111 Skipisten, die man gefahren sein muss
ISBN 978-3-7408-1600-1

Rüdiger Liedtke
111 Orte in München, die man gesehen haben muss, Band 1
ISBN 978-3-7408-1298-0

Rüdiger Liedtke
111 Orte in München, die man gesehen haben muss, Band 2
ISBN 978-3-7408-1514-1

Rüdiger Liedtke
111 Münchner Meisterwerke, die man gesehen haben muss
ISBN 978-3-7408-1297-3

Gertrud Steiger, Joachim Steiger
111 Orte im Odenwald, Spessart und an der Bergstraße, die man gesehen haben muss
ISBN 978-3-7408-1512-7

Bernhard Horsinka, Renate Bugyi-Ollert
111 Orte in und um Würzburg die man gesehen haben muss
ISBN 978-3-7408-1343-7

Richard Auer, Gerhard von Kapff
111 Orte im Altmühltal und in Ingolstadt, die man gesehen haben muss
ISBN 978-3-7408-1472-4

Dietmar Bruckner,
Michaela Moritz
111 Orte in der Fränkischen Schweiz, die man gesehen haben muss
ISBN 978-3-7408-1089-4

Kerstin Söder
111 Orte im Fränkischen Seenland, die man gesehen haben muss
ISBN 978-3-7408-1072-6

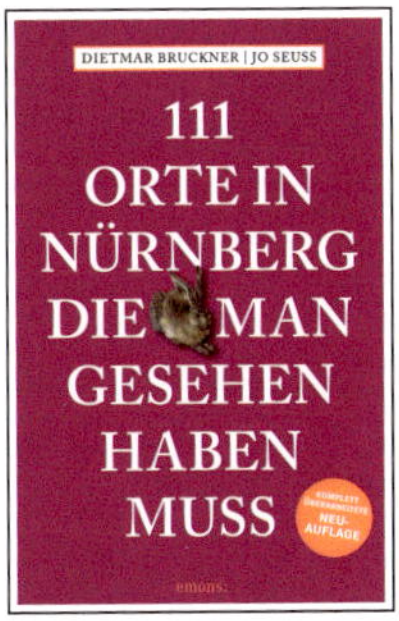

Dietmar Bruckner, Jo Seuß
111 Orte in Nürnberg, die man gesehen haben muss
ISBN 978-3-7408-1019-1

Cornelia Ziegler
111 Orte im Allgäu, die man gesehen haben muss
ISBN 978-3-7408-1278-2

Sabine Becht, Sven Talaron
111 Orte in und um Bamberg, die man gesehen haben muss
ISBN 978-3-7408-1186-0

Werner Schwanfelder
111 Orte in Mittelfranken, die man gesehen haben muss
ISBN 978-3-7408-1171-6

Erwin Ulmer
111 Orte in Oberschwaben, die man gesehen haben muss
ISBN 978-3-7408-0860-0

Christine Hochreiter
111 Orte in und um Passau, die man gesehen haben muss
ISBN 978-3-7408-0733-7

Bernd Schinner
111 Orte im Fichtelgebirge, die man gesehen haben muss
ISBN 978-3-7408-0741-2

Jo Seuss
111 Orte in Fürth & Erlangen, die man gesehen haben muss
ISBN 978-3-7408-0724-5

Cornelia Ziegler
111 Orte rund um München, die man gesehen haben muss
ISBN 978-3-7408-0437-4

Reiner Vogel
111 Orte in Regensburg, die man gesehen haben muss
ISBN 978-3-95451-054-2

Eva Kroetz
111 Orte im Oberpfälzer Wald, die man gesehen haben muss
ISBN 978-3-7408-0331-5

Astrid Süßmuth
111 Spukorte in und um München, die man gesehen haben muss
ISBN 978-3-7408-0336-0

Julia Lorenzer, Fabian Marcher
111 Orte in Rosenheim und im Inntal, die man gesehen haben muss
ISBN 978-3-95451-735-0

Oliver Ultsch
111 Orte in und um Coburg, die man gesehen haben muss
ISBN 978-3-95451-923-1

Lisa Graf-Riemann, Ottmar Neuburger
111 Orte vom Wilden Kaiser bis zum Dachstein, die man gesehen haben muss
ISBN 978-3-7408-0138-0

Astrid Süßmuth
111 Orte im Werdenfelser Land, die man gesehen haben muss
ISBN 978-3-7408-0118-2

Dietlind Castor
111 Orte am Bodensee, die man gesehen haben muss
ISBN 978-3-7408-1781-7

Gabriele Kalmbach
111 Orte im Stuttgarter Umland, die man gesehen haben muss
ISBN 978-3-7408-1651-3

Gabriele Kalmbach
111 Orte in Stuttgart, die man gesehen haben muss
ISBN 978-3-7408-0974-4

Matz Kastning, Stefanie Knebel
111 Orte in Konstanz, die man gesehen haben muss
ISBN 978-3-7408-1207-2

Erwin Ulmer
111 Orte in Ulm um Ulm und um Ulm herum, die man gesehen haben muss
ISBN 978-3-7408-1482-3

Barbara Goerlich
111 Orte auf der schwäbischen Alb, die man gesehen haben muss
ISBN 978-3-7408-1303-1

Kirsten Elsner-Schichor
111 Orte in Karlsruhe, die man gesehen haben muss
ISBN 978-3-7408-1804-3

Erwin Ulmer
111 Orte an der oberen Donau, die man gesehen haben muss
ISBN 978-3-95451-494-6

Cornelia Ziegler
111 Orte im Allgäu, die man gesehen haben muss
ISBN 978-3-7408-1278-2

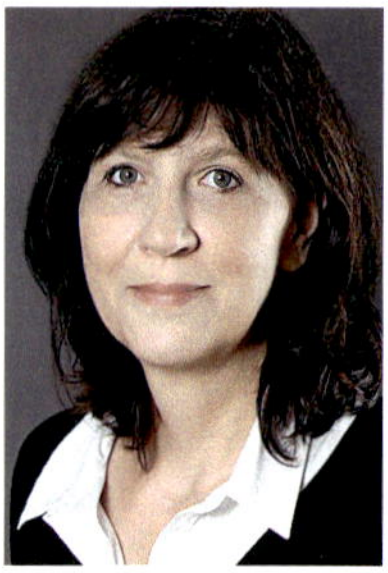

Ranka Keser wurde 1966 in Rijeka (Kroatien) geboren und kam mit drei Jahren mit ihren Eltern nach Deutschland. Die ersten eineinhalb Jahre verbrachte sie in München und zog dann mit ihrer Familie in die Hallertau. Zuerst lebte sie in Nandlstadt, danach in Preinersdorf und ging in Schweitenkirchen zur Schule. Später zog die Familie endgültig nach München, doch hat sie bis heute Kontakt zur Hallertau. Ranka Keser schreibt Romane und Sachbücher, sowohl unter ihrem Realnamen als auch unter Pseudonym.